開啟高效人生的心理課

英國約克大學心理學博士
黃揚名——著

心理學博士教你善用科學方法，
處理生活大小事，
過自己想要的人生！

推薦專文

以合乎實證的高效技巧駕馭你的生活

天主教耕莘醫院神經內科主任　劉議謙醫師

揚名老師是我的高中同學，從高中時期我們就是死黨，一直到出社會後還是互相扶持，彼此「吐槽」至今。

很多人看到揚名出好幾本書，寫各式各樣的專欄文章，還受邀到處演講，肯定是個飽讀詩書，文思泉湧的文藝青年。事實上完全不是那麼一回事，他愛看電影遠勝於看書，英文比中文好；他駕馭文字的能力可能只比高中生強一點，絕非天才型的創作者。那為何他今天能持之以恆維持超高產量的文字生產，還可以同時間在大學上課、帶兩個孩子和很多的學生、維持很不錯的運動習慣，以及擁有各種非常跟得上時代的數位技能呢？

我這幾年下來從旁觀察得出的結論是：揚名的工作效率非常高。很開心他願意跟讀者們分享他高效率的秘訣。而讓我感到驚訝的是，這些秘訣背後竟或多或少都有科學實證支持，看來揚名的多產其來有自。

這些秘訣多跟注意力相關，正是他的擅長領域，不過放在現代社會也讓人覺得備感實用。在社群媒體、串流平台、網路的持續轟炸之下，注意力早已變成了現代人腦中的稀缺資源。集中注意力，再次變成了重要課題。書中的幾個部分都對如何專注給了非常受用的建議。譬如裡面提到了「同時間處理多個事情是沒有效率的」、「人的大腦非常仰賴一次做一件事情」、「有捨才能有得」、「如果一定要同時處理很多事情，就是會犧牲掉效率跟準確性」。

另外一個令我印象非常深刻的點，是揚名提到了規律生活的重要性。整個大腦的演化設計朝向「預測不可知」這件事前進，所以認知運作的本質，就是會花很多的資源想辦法做預測。既然如此，刻意地把生活變得規律，反而會讓大腦能做多一點深層思考。就算是需要大量創意或靈光乍現的工作，這個效果依然成立。

譬如著名的作家村上春樹就曾提到，他在準備創作長篇小說時，非但不會熬夜或喝酒以獲取靈感，反而會以極為自律的方式（慢跑、規律飲食）來準備稿件；而已故的蘋果創辦人賈伯斯長年只穿一樣的T恤及牛仔褲，完全不用煩惱穿搭的問題。若以神經科醫師的角度來看，規律生活更是降低焦慮與穩定情緒的一劑妙方。

對我而言，閱讀這本書的過程，就好像一直聽到揚名老師在我身邊碎碎念一樣，雖然說是碎碎念，卻是一種令人感到溫馨跟愉快的閱讀體驗。只要一點點的自我要求與合乎實證的高效技巧，你也可以在數位時代提升工作效率，駕馭生活，而不是被生活駕馭。

自序

你可以很高效，也能好好過生活

從小我就是一個高效的人，雖然不願意承認，但我知道那個時候的我，是一個很會高效讀書的機器人。長大後，在旁人的眼中，我依舊是一個高效的人。別人看到我除了各式各樣的工作之外，居然還可以每天早上去健身房運動，接送小孩上下學，連煮晚餐的空檔都可以追劇，都很好奇我是怎麼做到的？

但是對我來說，小時候的高效，和現在的高效是不一樣的。小時候的那種高效，和大家所熟悉的高效比較相似，就是盡可能把任務快速完成，而且最好還是高水準的去完成。長大後的高效，我覺得是**好好把自己想做的事情做好，然後熱情地擁抱你的生活**。也就是說，高效真正的目的，不是為了要能夠成就更多，而是為了要擁有美好的生活。

能夠有這樣的改變，我要非常感謝我國一的體育老師吳昭蓉，她也是我後來國中生涯的班導師。一個曾經是女足國手的體育老師，對上了只會讀書的書呆子，或許讓老師覺得充滿挑戰性。我就在老師和同學的鼓勵下，逐漸做出了改變，雖然高中可能也從原本的建國中學，變成了我後來比較想要念的師大附中。

會想要寫這本書跟大家分享這個主題，一個很重要原因，就是希望大家可以跟我一樣，用一個不同的角度來看待高效。當然，也私心希望太太不要只是羨慕我，覺得我看起來很輕鬆，又能夠做好很多事情。我希望她也可以因為讀了這本書，找到屬於自己的高效方程式。

我覺得想清楚你為什麼要當一個高效的人是很重要的，這或許也是為什麼很多人雖然看了該怎麼高效的書，但終究無法做到，還是拖延，被死線追著走的原因。因為你不知道自己高效之後，又能怎樣呢？如果高效完成了一個案子，等著你的是下一個案子，那你恐怕不會有動機想要高效。

你不用執意，自己每分每秒都要做正經的事情，才是高效表現。相對的，你只需要在值得高效的時候，好好衝刺，然後提醒自己，之所以要高效，都是為了要能夠好好過生活。畢竟，一個社會只要有一個唐鳳，就能讓大家有便利的資訊系統可以使用；有一個泰勒絲，就能讓大家有動聽的音樂可以產生共鳴。如果你可以參透這個道理，恭喜你，你已經踏出了高效生活的第一步。

在這本書中，我會跟你分享一些我常用的高效工作法則，也會從心理學的觀點告訴你，為什麼這些法則是有用的。另外，在每篇文章的最後，我都會邀請大家反思為什麼自己可能做不到這些高效的法則，再根據不同的情況，準備一些解決的建議，提供大家參考。

而為了更有效的幫助大家順利開啟自己的高效人生，在Section 1之前有一個小測驗，幫你找出自己最迫切需要的改變是什麼；在書的最後，我也幫大家設計了一些小練習，讓你可以應用在書中學到的方法，從改變生活中的小習慣開始，實踐高效人生的日常。

此外，搭配書籍的出版，我也建立了一個臉書社團以及podcast，要跟大家持續分享如何高效又好好生活。請在臉書搜尋「你可以高效，也可以好好生活」。希望這本書可以幫助你找到屬於你的高效方程式，讓你可以好好把該做的事情做完，然後盡情地享受人生的美好。

目錄

Section 2

規劃自己：專注．規劃．固執

專注的真諦，不在於每一分每一秒都專心，而是想要專心時，可以專注在該專注的事物上；在不需要專心時，也可以盡情放鬆，為自己充電。

在做規劃時，我們往往只想著要怎麼成功，而忽略了要預想有什麼閃失該怎麼辦。讓自己對事情有多一點的掌握，就能降低這些不確定性。

Section 3

接受自己：謙卑．佛系

開始之前，先來做個小測驗吧！

本測驗主要目的是幫助讀者發現自己在開啟高效人生的路上，有哪些環節是比較需要加強的，僅此而已，並不是經過嚴謹信度、效度檢驗的測驗。

Section 1	1. 你是否常三心二意，最後往往一事無成	
	2. 你是否不知道自己真正想要的是什麼	
	3. 你是否常三分鐘熱度，對事情的喜好無法持續	
	4. 你是否有做事情的潔癖，不喜歡的事情就一定不去做	
Section 2	5. 你是否做事情缺乏規劃，以至於常走不少冤枉路	
	6. 你做事情是否會拖拖拉拉，總在最後一刻才壓線完成	
	7. 你是否常沒有堅定自己的立場，容易受到別人的影響，而改變自己的規劃	
	8. 你是否常一次卡太多事情，結果每件事情都沒辦法做好	
Section 3	9. 你是否在遭受挫折時，就容易裹足不前	
	10. 你是否抗拒向他人求助	
	11. 你是否常不會裝會	
	12. 你是否常算計其他人	

＊回答「是」，請在欄內打「✔」，註記得1分；回答「否」則劃「✘」，不計分也不扣分。填完後，分別統計1-4題、5-8題、9-12題的小總分。

· 如果1-4題的小總分最高，建議先從Section 1（p13～88）開始閱讀。
· 如果5-8題的小總分最高，建議先從Section 2（p89～200）開始閱讀。
· 如果9-12題的小總分最高，建議先從Section 3（p201～274）開始閱讀。
· 如果三個小總分沒有特別的差異，則建議從Section 1（p13～）開始，依序閱讀。

Section

1

找到自己

割捨・熱情

我們要割捨的，不僅是不好的東西，也包含了不適合自己的東西。不要因為覺得這個東西是有正面價值的，就無法放下。

割捨？熱情？

能夠做自己喜歡的事情，是很幸福的；但並不表示你不做自己喜歡的事情，就會很悲慘。我們往往用了錯誤的態度看待熱情，並且容易把沒有熱情當作怠惰的藉口。實際上，熱情是一個在做事情的過程中，油然而生的一種心理狀態。

割捨

正所謂有捨才有得，有些東西該放下還是要放下。
喔你能夠想開很好啊。
所以我房間只剩下床跟桌子其他物品我都放下了！
這不是割捨是清空了吧！
好空！

Lesson 1

如果可以好好做一件事，就不要敷衍完成五件事

你是不是常常會羨慕別人事業、家庭兩得意，而自己卻是什麼都做不好？我要先告訴大家，你千萬不要看到這些人的成就，就感到自卑、沮喪。每個人的能力都不同，擁有的資源也不一樣，能夠成就的事情，也可能會天差地遠。如果你只是盲目的把自己的成就，跟那些人比較，只是徒增焦慮罷了。

我曾經跟一位我很敬重的前輩聊過這件事，我說：「您真是好厲害，教書教得好，研究發表也很亮眼，又有精彩的休閒生活，真是太厲害了。」他說：「你不用羨慕我，現在我有好幾位助理，也有不少研究生協助我做研究，所以看起來成就非凡。如果我是自己一個人做事情，也沒辦法面面俱到。而且我老實跟你說，即使別人覺得我的生活已經很豐富了，我還是有好一些想做，但是沒有辦法做的事情。」

聽前輩這麼說，我才突然意識到，沒有人可以把自己想要做的事情都做完。我們

之所以會覺得有些人可以，是因為我們錯誤的以為他們完成的事情，就是所有他們想要做的事情。

像我周遭一些朋友和學生常會讚嘆，我怎麼可以做那麼多事情，又教學、又寫書、當podcaster，居然還有時間煮飯、陪孩子、玩手作！可是如果有人問我，是不是還有一些想做，但是沒有辦法完成的事情，我的答案絕對是肯定的。不過我並不會因此而感到遺憾，因為我知道自己的時間、資源有限，永遠不可能完成所有我想做的事情。也因為有這樣的覺悟，我很清楚與其期盼自己可以完成很多事情，我們更需要做的，是想清楚，哪些事情對自己來說是最重要的，並且想辦法好好完成這些事情。

有捨才有得

想到有捨才有得，大家很容易會覺得這是一些心靈雞湯的產物，不過在心理學的研究上，其實有累積了不少支持的證據。以我的博士論文研究為例，就發現如果我沒有要求參與者，在快速呈現的字串中記下兩個單字，而是僅要求他們記下一個，那麼參與者的表現就會比較好。

用白話來說，就是如果你一次要做兩件事情，表現還不如一次只做一件事。雖然這道理大家應該都懂，只是有點弔詭的，我們還是常常會一次想做兩件事情，比方說一手拿著東西，另一手嘗試用鑰匙開門。我們常錯誤的判斷，這樣做會比起把東西放下，然後用兩隻手拿鑰匙開門，更有效率。

你可能會覺得，這種肢體上的一次做兩件事，本來就不容易，只要不是肢體上的一心二用，應該還是可以發生的。就像不少人會一邊工作，一邊聽音樂，如果沒有這樣做，反而有種不踏實的感覺，工作效率會變差。

但我要遺憾地告訴大家，實證研究發現，對多數的人來說，邊工作邊聽音樂，工作效率是會變差的，也就是說心理運作上要一心二用，基本上不太可能。我們覺得自己可以一心二用，其實是一種迷思，因為**我們的心智運作是有瓶頸的，一次只能處理一件事情。只有少數非常熟練的事情，才有可能不受瓶頸限制。**

我們以為的一心二用，其實是在兩個或多個同時執行的任務之間做切換，只是切換的速度很快，所以你不一定會意識到自己在做任務切換。只要有切換，就會造成耗損，而切換越頻繁，會造成越多的耗損，使心智運作的效率變差。

所以，練習「捨」，你才有機會「得」！

有形或無形的捨都是有幫助的

那麼到底要怎麼捨呢？讓我介紹一個很有意思的研究，在這個研究中他們發現，若參與者有機會把自己需要記憶的訊息，用隨身碟的方式保存下來，之後對於其他訊息的記憶表現也會比較好。也就是說把自己需要記憶的訊息割捨這個舉動，提升了你的能力，讓你之後可以記下比較多的訊息。

連這種無形的，覺得自己的負擔是比較少的，都會對於人的行為造成影響，更別說是有形的負擔了！所以**練習割捨，不論是有形或是無形的，都會對你有所助益**。

我舉個例子，大家或許就能更清楚這種負擔一直都在，對我們是多麼有壓力的一件事情。很多人都會用甘特圖來追蹤自己的進度，但多數的時候，同一個時間點，都會有好幾項要同時進行的任務。在這樣的狀況下，你就算在期限內完成其中一項任務，依舊會覺得自己距離任務完成還是很遠，因為甘特圖上還有任務在等著你。

試想一下，如果你是把任務寫在便利貼上，並且註記時間點，同樣可以讓你檢視自己的進度，但不同的地方在於，你完成一個任務的時候，就可以把這張便利貼撕掉，然後覺得自己的負擔變小了。

這種做法其實就是體現認知（embodied cognition）的展現。所謂的體現認知，指的是一些動作本身，和某個概念有緊密的連結，當你在執行這個動作的時候，也會不由自主的聯想到那個念頭。就像你把便利貼撕掉這個動作，會讓你聯想到把某個東西丟掉，因為便利貼上的任務也是一個壓力源，所以撕掉便利貼，就會讓人有把壓力丟掉的想像。

哪些是該捨的？

希望看到這裡，你已經決定要利用割捨，來換取一些獲得。接著我們就來談談，到底哪些是該捨的？

第一種你該捨的，就是跟自身利益沒有直接關係的。這也包含那些做人情的事情：你要讓自己以及別人知道，你只有在自己事情已經做完的時候，才有辦法去協助他們。我知道有不少人耳根子很軟，只要別人誠懇的請託，他們就會想辦法協助其他人完成任務，即便他自己的事情都還沒完成。

這邊我要給大家兩個提醒：首先，如果這任務是你的上級交辦的，就算這不是你的事情，你如果不做，上級也有可能會藉此找你麻煩。所以面對不明理的上級時，他們交代的任務，也和你的利益有直接相關，是你不能隨意割捨的。再者，我不是要鼓吹大家當個冷漠的人，而是人非聖賢，我們還是要以自身的利益為主要考量。先把自己的部分處理完，再去協助其他人，才是你該做的。

第二種你該捨的，是那些雖然跟你自身利益有關係，但是你沒有熱情的事物。很多事情都跟你自身的利益有關係，所以你真的沒有必要保留所有跟你自身利益有關係的事情。比方說，很多事情都會影響到你的績效，與其花時間去做一些自己真的很不喜歡的事情，讓自己績效表現突出，還不如把時間花在其他方面。

這一點我是很徹底執行的，我知道花時間去做基礎研究、做學術發表，對於我的學術聲望是有幫助的。但是，我對於這件事情的熱情，亞於我做知識推廣的熱情，而做知識推廣對我的聲望也有好處。那麼，與其花時間做基礎研究，我寧願把時間用在將知識科普化，讓一般民眾也可以受惠。

第三種你該捨的，應該不能算是真正的捨，而是暫時必須先放在一旁的。這類事物就是那些不是那麼急著需要被處理的事情。有點類似前面提到甘特圖的概念，就是你要暫時假裝那些事情是你不需要處理的，把焦點放在那些急著要完成的事情上。

像我一般會依照工作的緩急程度來做規劃，而且每次頂多把兩個任務標記為「亟需處理」。我自己覺得這樣的做法相當有幫助，因為你不會覺得事情都做不完，而會容易有拖延的狀況。

為什麼你會無法割捨呢？

（解方→P52）

第一、你其實不知道哪些事情是比較重要的。有些人即使有課業或是工作上的壓力，依舊不知道哪些事情對自己的影響最大，所以很容易陷入瞎忙，結果什麼都做不好的困境。

第二、你沒有狠心的割捨。有些人顧慮很多，很擔心自己如果割捨了，就會有損失，而因為不希望有損失，所以無法狠心割捨。這樣的結果就像分手沒有分好的情侶一樣，藕斷絲連對彼此都沒有好處。

心理學小科普

「體現認知」（embodied cognition）

想到認知，我們一般會認為這是一個高層次的心智活動，感覺上它和比較低層次的肢體動作之間沒有關係。但實際上，很多研究都發現，人的運作是身心合一的，會彼此影響。你的心智活動，會影響你的身體；你的身體動作，也會影響你的心智。以情緒為例子，過去就有研究發現，如果你一直做把東西往上放的動作，你會因為往上這樣的肢體動作，情緒變得比較正面。相對的，如果你一直做把東西往下擺的動作，你的情緒會變得比較負面。或是你如果一直假裝在笑，時間久了，因為生理上的反饋，也會讓大腦覺得你在笑，會引發跟「笑」有關聯的後續反應。所以，大家在想要改善自己的心智運作時，不妨從改善身體動作開始，再讓身體反饋去改變心智運作，會比較容易做到。

Lesson 2

不好的習慣、工具，該丟就丟

不知道各位是一個願意接受新事物的人，還是一旦習慣了某種事物，就不太喜歡改變的類型呢？我自己是有點矛盾的人，在某些時候我很樂意接受新事物；但有些時候又有點固執，不太願意改變。

只是幾次慘痛的經驗告訴我，不要太固執，至少試試看，否則自己可能會錯失提升效率的好機會。舉個有點年紀的例子，在智慧型手機還不發達的年代，我習慣性會用紙本的行事曆，甚至受到博士指導教授的影響，我會隨身攜帶迷你版的行事曆。當時我有一個研究生看不下去，他說你都已經用智慧型手機了，為什麼還要用紙本行事曆呢？我當下還義正詞嚴的反駁，紙本的很方便翻閱，而且即視感很強。

不過有一兩次我忘了帶紙本行事曆，結果忘記跟研究生約了要討論。我研究生有點埋怨的說：「如果你用智慧型手機的行事曆App，就不會有這樣的狀況了。」因為學生等我等了一個小時，我雖然不全然認同他的觀點，但還是決定嘗試一下手機的行事曆App。

接下來的事情，我基本上也不用多說了，現在的我極度仰賴行事曆App，並且還結合了各種提醒功能，讓我不至於錯過任何的行程。但是也因為提醒太多了，讓我逐漸對這些提醒免疫，有時會不理會這些提醒。

有一次就真的發生了一個悲劇，明明系統一早有發當日的行程給我，而且從一個小時前就開始顯示提醒，但我還是在一場論文口試開始前的十分鐘，才突然驚覺到有這個行程。當下我趕緊聯繫那位研究生，並且立即驅車前往車程接近一個小時的口試地點。

經歷這個悲劇之後，我稍微改變了自己的習慣，不能被動的等提示，而是每週至少要預覽一遍自己的行程，每天早上也要稍微看一下當天有哪些特別的行程。此外，我在辦公室有一份大月曆，上面會註記哪幾天有重要的行程。除了當月份的行程之外，我另外會貼上下一個月的月曆（桌曆大小的尺寸），避免在月份交接之際，會錯誤估算自己的忙碌程度。

不好的工具，就該換掉

你是否在生活中也常有類似的糾結呢？我們或許沒有辦法隨意更動工作上使用的工具，但就你自己可以做決定的部分，真的要狠心一點。比方說，如果你的電腦已經開機非常緩慢，且常容易當機，那麼你就該找機會把電腦換掉。千萬不要因為覺得東西還沒有壞、丟掉可惜等等原因，就勉強自己繼續使用爛設備。

而除了受到惜物觀念的影響之外，很多人之所以沒有換掉不好的工具，是因為他們不知道有更好的工具可以使用。跟大家分享一個我自己的例子，我是一個動作比較大的人，所以還蠻常在不經意的狀況下受傷。以前我用開罐器打開罐頭後，十次有九次會因為要把蓋子拿掉，或是取出罐頭內的東西，而把手割傷。但是，自從有一次看到新型態的開罐器，不是從內部把罐頭打開，而是在外部割出一圈，我就換成這種開罐器，再也沒有因為開罐頭而受過傷。

不過我要提醒大家，並不是所有看起來新穎的東西，標榜能解決痛點的產品，都值得你把舊的丟掉，換成新的。我有好幾次買小朋友的東西都犯了同樣的錯誤。比方說，有一次我看到一個消毒奶嘴的廣告，只要把髒掉的奶嘴放進一個容器內轉幾圈，就可以達到消毒的目的。當下我覺得實在太棒了，因為有時候手邊沒有熱水或消毒器，就沒辦法消毒孩子的奶嘴，而沒有奶嘴這樣的帶娃神器，還真是不容易。

可是衝動下買了這項產品之後，我非常後悔。因為，奶嘴放進去這個容器一次，或許你還不會有所顧慮，但如果要反覆使用，還是會擔心細菌滋生的問題。最後，這個奶嘴消毒的設備根本沒用幾次，就被我們收到儲藏室了。

也就是說，**我們不用盲目相信新的工具，但至少該保持一顆開放的心**，若得知有一些新的工具，可以試用看看，評估一下優缺點，再決定自己是否要做轉換。我想很多人都有聽過一個研究，他們比較了用手寫的方式做筆記，或是用筆記型電腦做筆記，到底哪一個比較好？雖然研究成果發現，用手寫方式做筆記的人，對於內容的核心知識有比較好的記憶表現。但是，用筆記型電腦做筆記，也不是完全沒有優點。

更重要的是，後來有其他研究者嘗試複製這個研究的結果，但沒有發現用手寫的方式做筆記有比較多的優勢。與其執著於確定到底哪一種做筆記的方法比較好，還不如去思考，用不同方式做筆記有哪些優缺點，可以截長補短。就像有些人心算能力很好，你硬要強迫他用計算機來做計算，不一定真的更有效率。

不好的習慣，就該改掉

要換掉一個不好用的東西，已經不是容易的事情了，要改掉一個不好的習慣，更是難上加難。因為我們都不太願意承認，自己在用一個比較笨的方式做事情，特別是當我們被別人要求要做改變的時候，自尊心受挫，更會讓人產生抗拒的心理。

可是若想想自己為什麼會有特定習慣，你會發現，很多的習慣，可能一開始只是個偶然。但是當你第二次要做同樣的事情時，你懶惰的大腦就會浮現那個「偶然」的經驗，並且說服你：這件事情就該那樣做。如果你沒有做出改變，經過五次、十次之後，偶然就會變成必然，非常難改變了。

就像有些人，可能已經習慣收到即時通訊軟體的訊息時，就要馬上回覆。但如果訊息非常頻繁，就會打斷你的工作，對你工作的效率造成影響。只要及時回覆訊息，不是你工作上的需求，像這種對自己有害處的習慣，都應該要調整。

我相信如果你意識到一個習慣對你有害，你應該會有一些動機想要去做改變；但你若沒有這樣的覺察，就是根本不知道自己身受其害。為了避免發生這樣的狀況，我鼓勵你**多跟別人交流自己做事情的方式，有了比較之後，或許你會發現，其實還有更好的方式可以運用。**

就像在整理檔案的時候，你可能習慣性按照日期來做分類，但你的同事習慣性會按照案件的類型分類。兩相比較之下，你可能會發現，用類型來分類，對於要參考過去案例，是更為方便的做法。所以，幫自己培養不同的習慣，你就可以彈性依據任務來做轉換，對自己會是最有利的。

改變沒有想的那麼困難

要割捨自己熟悉的工具、習慣，或許是一件不容易的事情。但是，改變其實並沒有大家想像的那麼困難，否則在二〇二一年年中，大家是怎麼度過因為疫情嚴峻，伴隨而來的防疫升級呢？

本來堅持不外賣的商家，也必須要想辦法做出變通；實體課程也紛紛轉變為線上模式。像以前我去參加學位論文口試，都是需要到現場，但由於疫情的關係，可以改採用線上口試的方式。雖然少了面對面的互動，但能省下交通往返的舟車勞頓與時間，老師們想要給考生建議，也可以直接把相關的論文、網頁連結分享給考生，不少老師都覺得這樣的做法其實挺好的。

當然，若可以選擇，我也不希望是一件不好的事情，逼迫我們必須要做出改變。但我想大家不得不承認，通常吃虧了，或是遇上窒礙難行的困境時，我們會最有動機想要做出改變。就像電視劇《茶金》中出現的劇情，如果臺灣紅茶的出口順利，從來沒有遇上銷售瓶頸，或許也不會有那麼多茶工廠想要出產綠茶。

你可以採取一個八〇分的人生哲學，也就是用自己擅長的方式，來把事情做到一定的程度。剩下的二〇分，就可以大膽做一些冒險，突破自己的舒適圈。就像一些職業球隊，常常會在比賽已經勝券在握的時候，把主力球員換下來，讓板凳球員上場，道理也是一樣的。球隊經理透過這樣的方式，來測試球員的能耐，說不定就會因此發現下一個林書豪。

由於只有投注二〇分的成本，就算失敗了，你也不用覺得太遺憾。我認為這是非常值得的投資，你應該把這樣的做法當作是自己做事情的常態，多一些包容性，多一些抗挫敗的準備，或許你會發現，自己其實可以有更好的做法。

為什麼你戒不掉那些不好的東西？

〔解方→P52〕

第一、因為你不希望自己的價值被否定。你擔心自己用的工具、習慣被批評，就是對你這個人的否定，而不僅是對於工作、習慣的批評。

第二、你太懶惰了。你不想要走出舒適圈，覺得這樣就很好了。

心理學小科普

「痛點行銷」

很多商家在行銷自家產品時，喜歡放大消費者的痛點，像是老年膝蓋不好，所以行動緩慢；或是爸媽照顧嬰兒常手忙腳亂，容易讓物品沾染到細菌。而消費者在感到恐懼的時候，看到任何的解決方案，就很容易會買單。像是廣告讓消費者感受到膝蓋不好的壞處時，只要提到某某產品可以如何改善這個問題，就會讓消費者上鉤。更厲害的是，有些產品不僅宣稱可以降低你的困擾，還會讓你心情變好，就像一些減肥藥，告訴你可以讓你變瘦，還會強調變瘦之後的好處。要避免自己被痛點行銷，你該做的，就是在覺得自己受到威脅的時候，先嘗試換個角度思考，來降低這樣的感受。當你在比較冷靜的狀態下，再去審慎評估業者提出的方案，是不是一個好的解決方法。

Lesson 3

你的大腦不是無底洞，慎選要處理的資訊

科技發展為人類生活帶來很多便利性，但我們也付出了不少的代價，資訊過量就是其中一個。在網際網路還不發達的年代，人們要找資料，除了自己第一手去蒐集，到圖書館查詢是另一個熱門選項。但試問，現在還有多少人會去圖書館找資料呢？

相較於過去的人，會因為找不到足夠資料而感到憂愁，現在的人則是置身於過量的資料中，卻不一定有意識到這是多麼高風險的一件事情。而我之所以會這麼說，有以下幾個原因：

(1)過多訊息導致焦慮：現在很多上班族，只要一段時間沒有關注通訊軟體，就會累積一大堆未讀的留言。有些人只要手機不在身邊，就會有莫名的焦慮感，深怕自己錯過了什麼重要訊息，後果無法彌補。通訊軟體上的留言，如同其他媒介上的訊息，都快速成長，甚至已經到有點失控的地步。

對於知識的追求，也從一種正面積極的作為，轉變為不得不追求的消極反應。因為各類型的知識推陳出新，再加上各種宣傳手法，讓人們陷入一種知識恐慌，覺得自己很像什麼都不懂。但諷刺的是，雖然接觸了那麼多的知識，似乎也沒有讓人變得比較不焦慮，反而會看到更多自己的不足。

⑵看到很多次就以為是對的：「積非成是」這個詞彙，我想不少人都聽過，意指即便是錯的訊息，由於存在太長一段時間了，就被當作是正確的。就像現在很多人還是誤以為吃菠菜可以補充鐵質，殊不知會有這樣的傳聞，是因為一個出錯的研究數據所造成。

在心理學研究上也有同樣的發現，就是當人們重複接觸到錯誤訊息後，雖然當下還有能力區分哪些是正確的，哪些是錯誤的訊息。但是時間一拉長，那些重複接觸到的錯誤訊息，因為記憶痕跡比較明顯，反而會被人們判定為是正確的。

一九九八年，英國有一位叫安德魯．魏克菲爾德（Andrew Wakefield）的醫生在醫學雜誌《刺胳針》（*The Lancet*）上，發表一個研究報告指出，腮腺炎、痲疹及德國痲疹混合疫苗（MMR）可能誘發自閉症的產生。雖然這個研究發表在很好的期刊，但由於沒有其他研究者有同樣的發現，所以這項研究在學術圈始終受到質疑。事後，這位醫師更被發現是造假了整個研究的數據。

即便如此，到了近年歐美還是有很多家長，對於疫苗的風險深信不疑，甚至連一些知名的人士，也都出面鼓吹大家不要讓小孩去打疫苗。也因為這樣，曾經一度在美國銷聲匿跡的痲疹，在二〇一四年以及二〇一九年又出現了大流行。

現在訊息傳播的速度很快，再加上人們多數時候不會主動做訊息查核，像是打痲疹疫苗會導致自閉症的謬論，很容易就會在短時間內快速傳播。

(3)正反意見都有，很難區辨：我們身處於一個訊息兩極化的時代，即便是面對一些你深信不疑的論點，也都會有相反的論述。比方說全球暖化的議題，就是一個很好的例子，美國前總統川普就一直認為全球暖化是少數人的陰謀論，而不是真實存在的現象。

少數比較執著的人，會選擇認真蒐集證據，來釐清究竟哪個觀點才是對的。但對於多數人來說，要不就執著於自己相信的論點，要不就是完全放棄了，選擇不相信任何觀點。

談到這裡，我想跟大家分享一個我自己也感到意外的例子，就是很多的海洋環保團體，都會倡導一個觀念：海洋垃圾是對海洋生物最大的威脅。但是，在一部紀錄片《海洋陰謀》（*Seaspiracy*）中，導演發現對海洋生物最大的威脅，並不是海洋垃圾，而是商業捕魚活動。

由於我不是這方面的專家，沒辦法區辨這位導演的論點是否為真，但整部紀錄片尋找答案的過程，發人深省。只是，有多少人會有這麼多的時間、資源，來探究問題的真相呢？若不這樣做，你相信任何的論述，不都是某種盲從嗎？而會有這樣的困境，也是因為資訊過多造成的。

你需要那麼多資訊嗎？

雖然現在社會洋溢著一個知識越多就是好的氛圍，但並不表示你要全盤接收。就像不少人喜歡看新聞，特別是社會新聞，可是你有想過，知道世界某個角落的奇人軼事，對你的人生會有什麼樣的影響嗎？多數的時候，應該是完全不會有影響。如果沒有影響，你為什麼要去接收這樣的資訊呢？

就算訊息再優質，你要記得一件事，就是你的人生還有很多其他要做的事情，不應該只專注在某一件事情上。就像TED上面的短片，雖然都很優質，可是如果你只看這些短片，而不去做其他的事情，那後果真的會比較好嗎？

你必須要做選擇，幫自己做資訊的優先排序，這樣對你來說才是最有利的。就像我要寫研究計畫的時候，會先鎖定幾個關鍵詞去做搜尋，一般來說都會檢索到成千上萬筆資料。我當然不可能逐條去檢索，而會去看引用率比較高的、比較近期的，還有後設分析的論文。

引用率高的，表示這研究是這個領域中重要的發現；比較近期的，可以讓我知道最新的研究趨勢；後設分析的，則是幫我省下彙整論文的功夫，可以知道在這個領域中，大家有共識的發現是怎麼樣的。

你或許沒有找學術文獻的需求，但平常生活中你也該用類似方法來做資訊篩選。比方說，你可以只鎖定幾個提供高品質內容的平台，主動去瀏覽這些平台上的資訊。千萬不要被動瀏覽社交平台上的資訊，因為這些資訊良莠不齊，而且平台還有特定的篩選機制，有可能刻意投放某些偏頗的資訊給你。就像日前的美國總統大選，就有傳言說俄羅斯企圖買廣告來左右美國的選情。

如果你不知道怎麼判斷資訊的優劣，那你至少可以利用時間來做篩選，也就是說限制自己瀏覽資訊的時間。透過這樣的方式，避免自己暴露在過多的資訊之中，對你來說也有好處。

我要很佛系的告訴大家，現在資訊真的太多，你完全沒必要因為漏掉一些資訊，就擔心會不會因此蒙受很大的損失。多數時候，在正常運作下，真正重要的訊息會一直反覆出現；沒有重複出現的，一般來說都是可有可無的資訊，即使錯過了也沒有關係。除非你真的有點倒楣，每一次重要訊息出現都剛好錯過，否則你實在沒有必要擔心漏掉什麼資訊。

你對資訊做怎樣的處理才是關鍵

與其快速瀏覽很多的資訊，深度處理一筆資訊，對你的實質影響會是比較大的。

當你在做深度處理的時候，你的大腦才有可能主動去處理資訊，這樣資訊才有機會跟既有的知識體系產生連結，也才會有比較高的可能性會被保留下來。

沒有經過深度處理的資訊，很有可能過一下子就忘記了，船過水無痕。就像很多社會新聞，你在看的當下或許會覺得很驚訝、讚嘆，但是過了一個星期之後，你又還記得多少呢？

所以，不論是看新聞或追劇，你都應該再認真一點。比方說，看完一季影集之後，反思一下當中有哪些內容觸動到你，你又可以把哪些啟發套用在自己的生活中。即便是一些爽劇，裡面也都有值得你學習的地方！像我之前跟孩子一起看動畫電影《Car 3：閃電再起》的時候，我就有很多關於職場上經驗傳承的體悟，以及高齡再就業的一些反思。

如果你發現你沒有什麼想法，其實就意味著這些資訊對你來說並不重要，不用花太多時間在這些資訊上面。我或許有點勢利，但我覺得與其因為焦慮，而保留很多對自己當下沒有用的資訊，還不如放輕鬆一點，把處理資訊的時間拿去休息，都對自己更有幫助。

該怎麼面對資訊匱乏的焦慮？

我們之所以會有知識匱乏的焦慮，是因為擔心自己知道的不夠多，不夠深入。但是，如果你預設自己就是對很多事情都不了解，反而就不會那麼焦慮，也不會覺得自己一定要接收很多資訊。你只要知道周遭有誰是哪類資訊的專家，當你有問題需要諮詢時，找這些人問就好了。

Google搜尋有一個有趣的功能，叫做「好手氣」（I'm Feeling Lucky），它跟一般的Google檢索不一樣，只會出現一個系統判定最相關的結果。這個概念就跟找專家諮詢是很像的。

除此之外，你也要一再提醒自己，每天新產生的資訊，就算你整天都在認真處理，也沒有辦法完全處理完。所以，有資訊的遺漏是常態，而不是特例。若你真的不想漏掉某些資訊，還可以善用平台主動推播相關資訊的功能，像是Google有一個「快訊」（Google Alerts）的服務，你可以設定自己感興趣的關鍵字，並且設定提醒的頻率。比方說，你對於電動車的訊息很感興趣，那麼你可以設定有新的電動車資訊時，系統就要主動提醒你。

最關鍵的，其實是你的心態。你若希望自己一定要掌握最正確、最棒的資訊，那你肯定會失望、焦慮。如果你知道自己掌握的資訊只是還不錯的，就不會有那麼大壓力，而且你對於別人在做同類資訊的分享，心態上也會更包容，說不定會收穫更多。**每個人看待資訊的方式都不一樣，與其執著於自己蒐集最好的資訊，多跟別人交流，不僅節省時間，還會帶來更多的好處。**

為什麼你放不掉那些不重要的資訊？

〔解方→P52〕

第一、你覺得自己有一天一定會用到。這就很像倉庫堆放了很多工具，我們總覺得自己有一天會需要，可是那一天不一定會發生，就算真的發生了，你的工具也可能早就過時了。

第二、你不知道哪些是該保留的。在我們對一個知識範疇不熟悉的時候，確實會有這樣的困境。

心理學小科普

「假新聞傳遞較快」

現在假新聞傳遞快速，很多人怪罪於一些自動轉發訊息的工具。但是在二〇一八年，有一群來自麻省理工學院的研究者得到的結論並非如此。他們分析了二〇〇六年到二〇一六年由大約三百萬名推特（Twitter）用戶發出的十二萬六千則爭議新聞，結果發現假新聞在推特上被轉發的速度比真新聞快了六倍，且有多達百分之七十的機率被轉發。他們也發現即便在排除這個自動轉發工具的影響後，假新聞的傳遞速度還是比真新聞快很多。之所以會有這樣的結果，他們認為其中一個原因，是因為假新聞一般來說都比較新奇，而人們喜歡轉發新奇的新聞。另外，還有一些假新聞會刻意吻合用戶的政治偏好，讓用戶更情不自禁的想要轉發。所以，如果你不想成為散播假新聞的共犯，下次在看到新奇新聞的時候，記得先去做一些查核，確認正確無誤，再去做轉發的動作。

Lesson 4

放棄不必要的身分標籤，你會更自在

不知道大家使用Line是否會有一個困擾，就是你可能有很多不同屬性的群組，有一些與工作相關、一些則是和親友相關等等，而你在每一個群組都要用同樣的名稱。這對於有小孩的家長來說，格外尷尬，因為我們不得不在自己名字後面註記小孩的名稱，其他家長才會知道這個人是誰的爸爸或媽媽。

如果在工作的群組，可以有一個自己專業的名稱，甚至加上部門的名稱；而在家族群組中，則加上了自己在家族中的輩分小名，那不是很好嗎？因為你一次只有一個身分，不需要同時註記自己多個不同的身分，不用因為別人得知你其他的身分角色而感到不自在。不過，當然也有一些人喜歡幫自己累積不同的身分標籤，並不介意別人知道，像是一些政治人物的名片，就洋洋灑灑列了十幾個頭銜。

我自己因為興趣廣泛，也有多重的身分，一開始我會把這些身分都羅列出來，想像這樣會讓別人覺得我很厲害。但是，我後來發現這樣做對自己的好處並不多，反而會讓人覺得你不夠專業。所以我會依據自己在那個場合的人設，幫自己客製化一個相關的身分標籤。比方說如果人設是育兒專家時，我就會強化自己在報紙上相關的專欄、出版過相關的書籍，以及是個稱職的奶爸。

身分標籤這個雙面刃

知名的小提琴家約夏．貝爾（Joshua Bell）曾經做了一個小實驗，他在地鐵站口拿著價值幾百萬的小提琴當街頭藝人，結果在四十五分鐘之間，只有幾個人停下來聽他演奏，他的收入只有三十二塊美金。這個小實驗凸顯了一個問題，就是**身分標籤會大大影響我們的觀感**。當我們覺得這個演出者只不過是個流浪漢時，我們就不會想要停下來看表演；但當我們知道這演出者是世界聞名的表演者時，我們就會搶著購票去看表演。

像歌手田馥甄，第一次從女子團體SHE單飛時，就刻意不用SHE的身分。第一波的宣傳還故意搞神祕，希望大家把焦點放在歌手的聲音，而不是這個人的長相以及她過去的身分。雖然這個秘密沒有被藏很久，但對田馥甄來說，就是一個很好的轉型契機，讓大家先把焦點放在她的聲音表現上，而不是她過去的身分。

近年來，很多國家都有蒙面歌手的節目，也是用同樣的做法。他們會讓一些歌手戴著面具唱他們過去不常唱的曲風，然後讓評審依據他們的表現打分數。比如美國創作歌手珠兒（Jewel），過去是以民謠類的獨立樂風，在歌壇上樹立自己的招牌，但是她在美國版「蒙面歌手」（The Masked Singer）節目中，唱的都是比較搖滾、流行類的歌曲。大家一開始沒猜想到「紅心女王」是她，在她奪冠摘下面具後，也願意接受她這樣的改變，而珠兒後來也推出了一些與過去風格迴異的歌曲。

身分標籤對我們的影響實在太大了，記得我在當兵的時候，有個長官對我不是很友善，我是後來才知道，因為他一開始聽說我是臺大畢業的，就覺得這個人應該有點傲慢，所以不想要親近我。現在帶著大學心理系副教授的標籤，在外面也常被各種不同的誤解，像是不少人覺得心理系老師就一定懂得怎麼做心理諮商，或是會對於我談論科技應用感到驚訝，因為心理系老師研究的主題應該是人，不應該是科技產品。

用能力證明自己

我不能否定身分標籤對我們有一定的影響力，但是如果我們過度執著於追求這些標籤，對自己也不會是一件好事情。

就像有不少傳銷公司，會幫會員設置不同的門檻，只要突破這個門檻，就可以獲得一個新的身分標籤。這樣的後果，就是有人會為了要獲得這些標籤，而搞得家破人亡。影集《佛州傳銷之神》（*On becoming a God in central Florida*）就描繪了類似的故事，一位丈夫為了要成為更高等級的會員，瞞著老婆辭去原本的工作，並且締造假銷售真業績的狀況，在影集一開始就因為過勞而意外身亡了。

與其執著於身分標籤的追求，你更應該多花一點資源提升自己的能力。因為標籤頂多只能糊弄局外人，對於局內人來說，大家對於標籤的意義心知肚明。就像一些家族企業，會讓第二代掛著好聽的職稱來做接班的準備，但在第一代還沒有離開崗位之前，這好聽的職稱，還真的只是好聽而已。

隨著工作樣貌的改變，有越來越多人自己創業，或是有好幾份不同的兼職。如果你是身處一個新興的領域，就算給自己一個很好聽的標籤，也不一定有什麼好處。就像收納整理師或是居家整療師這樣的身分標籤，也是近幾年才逐漸浮出檯面。對於不熟悉這些標籤的人來說，你有這樣的身分標籤，對他們是沒有意義的。但是，如果你可以用行動證明自己的價值，他們就會快速擁抱這樣的標籤。相對的，如果你空有標籤，而沒辦法提供名副其實的服務，就只是自己砸自己的招牌。

我很不能接受，為什麼一個人有什麼樣的身分，就可以做怎樣的事情，而其他人就不行。**在這被證照綁架的時代，要有這樣的骨氣，你需要不只是情緒上的發洩，更要有膽識證明自己是可以的，甚至能夠做得更好。**或許也正是因為這種有點反骨的心態，讓我剛加入輔大心理系的時候，有莫名的親切感。因為輔大心理系是一個出了名的異議分子，系上一直是反對以考心理師執照為導向的學習，老師們認為助人工作應該要有多元的樣貌，而不是執著於要有證照，才能夠去助人。

多年前，我帶著學生一起經營「銀髮心理科普知識推廣」這個平台，我們自詡是幫大家找老年相關資訊的平台，也就是我們定位自己是一個傳播老年心理相關知識的媒體。有一年我們接受弘道老人福利基金會的邀請，以媒體身分參加他們的年度活動

割捨 熱情 專注 規劃 固執 謙卑 佛系

「仙角百老匯」，當時心情是很激動的，因為覺得我們的努力被認可了！我要鼓勵大家，真的不要被標籤綁架了，而是該充實自己的能力，開創獨特的價值，這遠比帶著很多標籤更為重要。

少一點名分，少一點束縛

對一些人來說，他們困擾的不是自己沒有身分標籤，而是被賦予太多的標籤了。如果你有這樣的困擾，應該花點時間問問自己，到底哪些身分是你認可的，和你的現狀還是有高度相關。對於那些與現在已經脫節的標籤，你該勇敢地斷捨離，而不是依舊把這些標籤掛在自己身上。

如同前面提到的，跟著我們的身分標籤，都會有意無意影響著別人對我們的看法。那麼，如果有標籤已經不符合你的自我認同了，就應該勇敢做出改變。比方說退休之後，若要開啟新的人生，就不要再執著於自己過去的身分了。近年來，也有越來越多的退休人士，選擇用新的專長來過生活，而不是繼續緬懷自己曾經是個大人物的璀璨人生。

你不一定要到退休的年紀，才跟自己的過去斷捨離。我鼓勵你可以**定期檢視自己的狀態，更新那些已經不適合你的身分標籤。對於一些有名有實的身分，若覺得已經可有可無，也該主動選擇放棄**。多年前，我曾經擔任某個學會的監事，但因為這個學會的立場與我的立場相違背，我當下就毅然決然辭退這個身分。一些前輩覺得這是個魯莽的舉動，但他們在知道我的理由之後，多數都能夠理解且支持我的決定。

所以，不要戀棧了，該放下的就要放下。少了一些身分，或許會有一些不便，但你可以更自在生活，有更多的可能性，是非常值得的。

認可自我，活出自己

前面我談到要捨去那些不屬於自己的身分標籤，其實我更想跟大家說的是，**你該割捨所有的標籤，而只剩下「你」這個標籤**。這不是一個容易的境界，但若你可以成功做到，讓別人說這作風好「你」，其實是很酷的一件事情。就像聽到歌手唱歌咬字不清，我們就會說這是向周杰倫致敬；或是專注於對話的電影，我們會說這是ＸＸ版的《愛在黎明破曉時》❶。

每次聽到有朋友說，這好「黃揚名」作風的時候，我嘴巴上是叫朋友不要鬧了，但心裡其實聽得很爽。**與其讓自己成為其他身分標籤的一個分子，努力讓自己成為一個新的標籤，才是你真正該做的事情。**

為什麼你放不下這些名分？

（解方→P52）

第一、你缺乏自信。你可能一直被教育要追求世俗認可的標準，但自己的能力與這些標準之間並不吻合，以至於你一直沒有被肯定，形成一個惡性循環。

❶ 一九九四年由導演李察．林克雷特（Richard Linklater）執導的電影，英文片名為 *Before Sunrise*，劇情主軸是在火車上相遇的一對男女，談天說地度過一天的過程。由於對話內容脫俗，讓人印象深刻，後來拍的兩部續集，也都成功延續這樣的風格，成為許多影迷心中的最愛。

第二、你想要快速成功。我不否認身分本身是成名的捷徑，但這只是開端，後續是否能得到認可，絕對不是只靠身分就可以達成的。

心理學小科普

「身分刻板印象」

刻板印象是大腦偷懶的證據，簡單來說，就是大腦在處理一部分訊息時，只要判定這個和過去的某個訊息類似，就不會繼續處理，而是會激發過去處理類似訊息時的記憶。就像當醫師告訴我們，等下會有護理師來幫你量血壓，你會預設有一位女性護理師會出現。若此時前面出現一位男性，你可能會以為那是一位醫師，而不會在第一時間認為他就是那位護理師。身分刻板印象，指的是我們對於一個特定身分的人，會有一些特別的認定。比方說想到老師，我們就會覺得他們做事一板一眼，要求比較嚴格；想到藝術家，我們會覺得他們充滿創意、不拘小節。身分的刻板印象尤其難扭轉，因為在聘僱的時候，人們也會傾向聘用與這特定身分刻板印象吻合的候選人，於是就形成了一個難以打破的循環。

FOR YOU

反。思。解。方。箋

Q1「為什麼你會無法割捨呢？」

❶ **解方** 如果你有這樣的狀況，瞎忙半天卻什麼都做不好，那麼你該花點時間，把事情對自己的重要性做一個排序。

❷ **解方** 若真的捨不得割捨，就直接預定在未來的某個時間點，把這個割捨掉的事物找回來，那麼就不需要時時惦記著這個暫時被自己割捨的事物。

Q2「為什麼你戒不掉那些不好的東西？」

❶ **解方** 你要告訴自己，體驗不同的東西，不一定就是要取代自己原本的做法，而是要去找出更好的做法。在抗拒心理比較小的情況下，就會比較能夠客觀地去做評估。

❷ **解方** 做不同的嘗試，不一定是要得到更好的結果，而是要幫自己準備備案。一旦手中握有備案，才不會在遇上突發狀況時，顯得手足無措。

Q3「為什麼你放不掉那些不重要的資訊？」

❶ **解方** 如果你覺得有一筆資訊不錯，就把它儲存下來，不用在當下就處理。等你哪天需要的時候，再從儲存的資料中去尋找就好了。

❷ **解方** 你該找個專家幫忙帶路，有了一個健全的支架後，你就會比較清楚，哪些資訊是重要的，哪些可以忽略。或是你可以用另一個極端的策略，只要覺得自己未來一個月內用不上，就不需要在此時此刻處理這筆資訊。

Q4「為什麼你放不下這些名分？」

❶ **解方** 幫自己設定標準，並且努力達成，那就足夠了。

❷ **解方** 不要急著想要追求名利，而是該穩紮穩打，否則你可能一夕爆紅，也會在一夕之間被遺忘。

熱情

我喜歡畫畫，每次上美術課我就覺得很幸福。

Lesson 5

做自己愛的事情就對了

認識我的人都知道，我是一個愛恨分明的人，對於喜歡的事物投注很多的熱情。但是，對於那些我不喜歡的事物，我會不計代價逃避它。舉例來說，在這追逐學術發表的年代，我就沒有跟著主流的趨勢，因為對我來說，做研究的價值，不應該是一篇又一篇的學術發表，也不該成為自己被別人評比的指標。有的時候，不得不需要做類似的事情時，我會發現自己的工作效率很差，甚至會有拖延症上身的狀況。

但是當我在做我喜歡的事情時，我可以明顯感受到自己的投入，接近廢寢忘食。你或許不一定會有真的喜歡做的事情，但當你要做自己不喜歡的事情時，肯定會是百般的不願意。所以如果你希望做事情有效率，當然要選擇自己喜歡的事情來做。微軟前總裁比爾蓋茲（Bill Gates）也曾說過，也許這個世界上的成功人士看起來輕而易舉，那是因為他們絕對喜歡自己正在做的事情。而這也說明做自己喜歡的事情，對我們是有好處的。

只是當我們理智線還沒有斷掉時，我們都會知道，只做自己喜歡的，而不做其他的事情，很任性，也比較不具社會競爭力。大概只有尚未社會化的年輕人，以及一些特立獨行的人，會堅持只做自己喜歡的事情。當然也有例外，就是你喜歡做的事情，剛好符合社會對於你身分的期待。像是你是一位作家，你也很喜歡寫作就非常棒。

不過人的一生又不長，我們真的有必要強迫自己，做一些不喜歡的事情嗎？由於工作關係，我有機會接觸到一些失智症患者，也很關注相關議題。有一次到一間日間照護中心拜訪，我注意到有一位歌唱得很好的長輩，就好奇地問照服員，這位長輩為什麼可以進入這間熱門的日間照護中心？照服員笑笑地對我說：「老師，這位長輩有失智症，不過他特別愛唱歌，如果你只看他唱歌的樣子，是看不出他有失智症的。」

就像我的父親，在第一次因為腦瘤開刀之後，有一段時間功能恢復得不錯。那個時候，他選擇返回職場，令我感到百般不解。我問母親，怎麼沒有要父親在家多陪陪自己，就這樣讓他回去上班？母親對我說：「因為工作是你父親最喜歡做的事情，我希望他可以快樂。」既然母親都這麼說了，做兒子的我也不好意思有太多反對意見，只要他們都能夠接受就好。

愉悅的心情就是天然加速器

心情好，做事情比較有效率。這究竟是一個迷思，還是真實的現象呢？西班牙納瓦拉大學商學院的教授碧翠絲．穆諾茲．塞卡（Beatriz Muñoz-Seca）認為答案是肯定的，她曾經分析了全世界不同企業的運作，發現氣氛比較愉快的企業，工作的產能也比較高。她說雖然個人的快樂和企業應該是無關的，但是員工快樂，會提供生產力，所以企業必須把這件事情納入考慮。

另外，牛津大學也有學者針對英國電信公司的員工進行六個月追蹤調查，他們發現平均來說，快樂的員工比起不快樂的員工，工作效率提升了十三個百分比，也顯示快樂可以讓人更有效率。

雖然這類的調查，發現快樂的人比較有效率，但是兩者之間是否存在因果關係，還是不明確。不過後來英國華威大學團隊的研究，證實了快樂是讓工作變有效率的原因。他們透過操控參與者的情緒，發現被誘發進入快樂情緒的人們，確實事後會比較有效率。相較於那些被誘發回想負面事件的人，快樂的人效率提升了十二個百分比。

我自己也相當支持這樣的信念，所以我的辦公環境，充滿讓我快樂的元素，就是滿滿的米飛（miffy）。這個誕生於荷蘭插畫家迪克・布魯納（Dick Bruna）筆下的角色，由於線條簡單、個性善良，很多年前就成為我的最愛。除了一眼望去都是米飛之外，我寫稿用的鍵盤也是米飛的，如果有米飛螢幕，我大概也會入手。

再不喜歡做的事情，只要和米飛搭上關係，我也會因為心情愉悅，而比較有動力去完成。這有點像是討厭吃蔬菜的小朋友，看到蔬菜被修整成可愛的動物圖案，就願意吃蔬菜。所以，**如果你還沒有辦法做自己喜歡的事情，至少把自己喜歡的元素，和你必須要做的事情搭配在一起，也能讓你做事更有效率。**

更多的背景知識與各種觸類旁通

做喜歡的事情，除了會讓你心情愉悅，提升工作效率之外，還有一個重要的原因，就是對於你喜歡的事情，你有比較多的相關知識，容易觸類旁通，做起事情比較不會卡關，自然就會顯得有效率。

這背後的運作是一個正向循環，由於對某件事情感興趣，你會想要了解更多，而當你了解更多之後，你會因為獲得好處（例如工作有效率），對這件事情的興趣越來越濃厚。

所以**在一開始接觸某件事情時，產生正面的連結是很重要的**。這也難怪，我家兩個孩子學西洋棋的時候，老師除了正規比賽之外，還會安排新秀盃的比賽，這個比賽基本上是人人有獎牌，目的就是希望建立孩子對西洋棋的自信以及喜愛。

我在我家老二身上，十足見證了這整個過程。老二學西洋棋兩三個月就參加第一次比賽，在那次分齡比賽中，他們因為奇妙的緣故，居然獲得了該組冠軍。自從得到冠軍之後，老二就每天帶西洋棋到學校跟同學玩，也會央求我陪他下棋。因為比賽的經驗多了，他的棋藝越來越好，也讓他對西洋棋越來越感興趣。

也有一些人，本來對於某件事情沒有特別的喜愛，但接觸了很多相關事物後，慢慢地也開始喜歡上這件事情，而這就像人與人之間的日久生情。人們對於跟自己有關聯性的事物會莫名的有好感，在心理學當中，我們會用稟賦效應（endowment effect）來說明這樣的現象。所以，**你也可以透過和事物培養感情，來提升自己對這事物的喜好，進而提升自己的效率。**

想辦法讓你愛的事可以長久，你就更無懸念

能夠做自己喜歡的事情，又能夠養活自己，我想應該是很多人的心願。你可能會覺得這件事情哪有想的那麼容易，但從我的觀察看來，這取決於一件事情，就是你對養活自己的定義是什麼。如果你只是希望求個溫飽，那麼這應該不是那麼困難。可是如果你期待要有房、有車，這就不一定是件容易的事情了，畢竟有些人的喜好比較難以變現。

這中間可以找個平衡點。我知道有不少人抱著比較虛幻的夢想，但為了要實踐這樣的夢想，他們會願意做一些務實的事情。就像現在有很多的小店，每天營業時間並不長，營業額也不高，可能就剛剛好打平支出，然後讓主人可以賺到生活費。很多這

樣的店家主人，都是用剩下時間來追逐自己的夢想，這樣也是很好。

像是開啟我縫紉人生的小店家「布布驚喜」的老闆，就很有自己的想法，把自己熱愛的事情跟生活做結合。她在臉書粉專的自我介紹寫到：

我很愛我的家鄉，因此選擇在地創業，親民的價格，希望能夠在在地推廣起DIY樂手作療癒的風潮，讓布美化我們的生活，喚起民國六十幾年，頭份還是紡織重鎮的懷舊記憶……

其實這老闆真的很有心，還常常帶著大家一起做公益，比方說邀請大家一起縫製手術帽給辛苦的醫療人員，在過年前也舉辦公益體驗活動，讓大家體驗自己縫紉紅包袋，獲得款項又可以捐助給需要幫助的人。

你可能已經太久沒有想過自己到底喜歡什麼，或是受限於生活上的壓力，沒有辦法真的去追逐自己的喜好。這都沒有關係，你只要**提醒自己，哪天你有意願要逐夢的時候，不論你的年齡、狀態怎麼樣，你都可以去逐夢。**

你為什麼不敢做自己愛的事？

（解方→P88）

第一、你根本不知道自己喜歡什麼。現在不少人很清楚知道自己不喜歡什麼，可是對於自己喜歡什麼，就不是那麼清楚了。這可能是過於勢利的後遺症，我們太過於現實，認為喜好就要為我們帶來即刻的好處。但是，有時候好處不是那麼快會浮現，就讓人打了退堂鼓。

第二、你有太多顧慮。你喜歡的事情，可能比較不被社會主流價值接受，或是比較難轉化為對自己生活有影響的事物，所以沒有辦法好好展現自己對這件事情的喜愛。

心理學小科普

「稟賦效應」（endowment effect）

二〇一七年的諾貝爾獎得主理查．塞勒（Richard Thaler），在一九八〇年第一次具體提出稟賦效應這樣的概念。他在一個研究中，問參與者想要花多少錢買一個馬克杯，而在他們決定買下這個馬克杯之後，他接著問他們願意用多少錢賣掉這個杯子。結果發現，參與者願意賣掉杯子的價格，是購入價的兩倍。主要原因並不是他們想賺一筆，而是當人們擁有過一個東西之後，會覺得這個東西比較有價值。若是有人想要拿走這個東西，他必須要付出比較多的代價。因為一旦擁有過，人們就會對這個東西產生感情，所以很多業者提供免費試用服務，都是希望稟賦效應可以發揮作用，讓你捨不得割捨這個產品。所以，下次不要隨便試用一個東西，除非你本來就有想要購入，否則很有可能會因小失大。

Lesson 6

面對不得不做的事情，先從培養熱情開始吧

如果有選擇權，我想每個人都只會做自己喜歡的事情。可是，只有很少數的人，可以只做自己喜歡的事情；多數的人，難免都需要做些自己不喜歡的事情，有的人甚至終其一生，都沒有真正做過自己喜歡的事情。

雖然隨著時代的變遷，越來越少人會為難自己，長時間做自己不喜歡的事情，但在生活中難免會有一些時刻，我們必須做一些自己不那麼喜歡的事情。在遇上這樣的情況時，我建議大家要轉變心態。在我念國中的時候，讀到陳幸蕙的《青少年的四個大夢》，書中有一句話：「生活的藝術，不是做你喜歡的事，而是喜歡你做的事！」這句話可以說是我人生的座右銘，特別是當我不得不做某些我不喜歡的事情時，我就會拿這句話來勉勵自己。

在電視節目「日本職人好吃驚」當中，有一次主持人問一位已經入行五十幾年

割捨 熱情 專注 規劃 固執 謙卑 佛系

的長者，應該對這件事情很有熱情，不然怎麼能堅持這麼久？長者的回答讓我有點意外，她說一開始自己對這件事情是很抗拒的，但因為嫁入夫家，就開始學，不過她始終沒有喜歡做這件事情，只是從原本的討厭，變成了一種習慣。

或許上一個世代的人，包容性比較強，或是不知道自己其實是有選擇的，所以不管是面對工作，或是婚姻，似乎都很能忍受。不像現在的人，比較不願意為難自己，也不為難其他人。我就知道有些學生，在選課或是找工作的時候，都有點潔癖，就算有再多吸引自己的條件，只要有一兩個環節是他們不喜歡的，他們就會寧願放棄這樣的選項。

我曾經嘲諷學生，「你們就是太年輕了，覺得自己還有很多選擇，所以才會這麼挑剔。」學生很瀟灑的回我說：「老師，我們也只剩這幾年可以這麼任性，出社會後如果還這樣，會被叫爛草莓，就讓我們再任性一下。」這是部分比較有自覺的學生。我也遇過即便畢業了，還是很任性的學生，總是抱怨連連，工作一個一個換。

轉念的影響很巨大

如果你的信念是不違背自己的良心，那也不錯，表示你對於自己有很明確的安排，就勇敢照著自己的規劃去做。但是，如果你沒有那麼強烈的執念，我覺得你要調整自己的心態。你不用說服自己愛上那件事情，但至少可以說服自己，你沒有那麼討厭那件事情。

事實上，很多時候我們對一件事情的喜好是蠻不理性的。有句諺語「一朝被蛇咬，十年怕草繩」，就是一種不理性；或是有些人因為沒接觸過，就抗拒做某件事情。要貿然說服自己喜歡一件事情也不太實際，因為人的態度養成不是說變就變的。

過去的研究發現，**態度的轉變需要時間，而且最好是漸進式的，這樣的方式比較容易成功**。我自己的經驗也是如此。前一陣子有機會和大學同學小聚，他對於我現在那麼喜歡日本，感到不可思議，因為我在大學階段，都戲稱「小日本」，對於日本非常鄙棄。後來之所以會轉念，大概跟我去德國旅行很有關係，那時候我意外買了一本由日文版翻譯的旅遊書，我很喜歡那本書，也是看了書才知道，日本人是因為德國和日本一樣有整齊的街道，所以特別喜歡去德國旅行。

我對於德國的喜好可能是有點莫名的，但在念師大附中時，我就加入了德語研習社，對於這個陌生的國度一直抱有好感。在某一年的暑假親自拜訪後，很喜歡在德國的感覺，後來更是認真學習德文。或許因為發現了德國和日本之間的共同性，我逐漸對日本改觀。在第一次拜訪日本之後，更是愛上了這個距離我們很近的國家，在之後的七年內，幾乎每年都會去日本一次，有時候還一年去了兩次。

所以**只要你有意願，放下對一些事物的偏見，更全面的認識它，你或許也會發現，自己其實並沒有那麼不喜歡，也有機會慢慢改變自己對這事物的觀感。**就像學習樂器或是某項運動，剛開始總是要反覆練習很無聊的動作，有些人受不了這樣的過程，就選擇放棄。而那些留下來的，可能一開始也沒有真正愛上那些無聊的動作，但在有機會進行比較有意義的活動時，就會很快轉念了。

如果結果是你需要的，就別彆扭了

有些時候，你可能只想要做某件事情的結果，但不想要經歷那樣的過程。如果你是這樣的人，請務必放下你的矜持，認命地把事情做好做滿。畢竟，天下沒有白吃的午餐，你不可能期待自己沒有任何付出，就可以收穫那些你想要得到的東西。

以工作為例子，很多人都是看在錢的分上，不得不工作。這也難怪薪資不如預期，成為人們轉職最主要的原因。在韓劇《如蝶翩翩》中，老爺爺年輕時就知道自己對於芭蕾是有熱情的，只是出於必須養家的無奈，直到退休之後，才選擇重新去追逐自己的喜好。當然還有其他的原因，為了不劇透，我就不多說了。

你可能對錢還不一定是有什麼熱情，而是被各種貸款、生活開銷逼迫，不得不向錢低頭。那只要不是違法的事情，就找一份自己還能忍受的工作，畢竟生活還是要過下去的。你要知道，就算你做了一個自己不喜歡的工作，這也不是你的全部，你沒有必要覺得自己很委屈。

二〇二〇年末有一部動畫電影《靈魂急轉彎》（*Soul*）觸動了很多上班族，劇中男主角一心想要擔任爵士樂團的樂手，無奈一直沒有辦法如願，最後只好屈就當個高中樂團的指導老師。男主角一直到了最後才發現，原來擔任高中樂團的指導老師，也能夠成就很多，只是他之前一心想著要當爵士樂手，而沒有看到其中的美好。

所以，**既然做一件事情，可以得到自己需要的東西，就去做吧！並且從中找一些**

小樂趣，你會發現自己也有可能樂在其中。

喜歡只是一開始，持續靠的是把事情做好的執念

雖然很多人會覺得一個人能持續做一件事情，一定是因為很喜歡做那件事情。但其實真相並不是那樣。**你對一件事情的喜歡，只能驅使你開始做那件事情，而且讓你願意做一段時間。你是否能夠持續做下去，跟你一開始的喜好沒有太大關係，而是你有沒有執念想要把這件事情做好。**

二〇二二年北京冬奧場上，日本花式滑冰好手羽生結弦，就是很好的表率。他在自己的傳記書《蒼之炎》中提到，一開始是因為喜歡，才開始學滑冰，但是這讓自己快樂的事情，漸漸變成普通的事情，使他曾一度想要放棄滑冰去打棒球。最後是因為他不想就這樣認輸，所以就一路練下來，這就是對於把事情做好的執念。

記得在我博士班一年級的時候，當時的系主任格雷厄姆．希奇（Graham Hitch）鼓勵大家，「如果有想要留在學術圈，你需要的是毅力（perseverance），而不是聰明才

智。」我想不僅是在學術圈，要在一個領域立足，堅持不懈是必要的法則。因為你在一個領域久了，自然會厭倦，加上有時候又會遇上一些打擊，這些都很容易讓人選擇放棄。

我有個大學同學，明明我們都是一起打混，不喜歡上課，但是他就莫名其妙念了一個生命科學相關領域的碩士，在短暫轉行去念生物專利之後，又回到生命科學領域，還拿下一個博士學位。現在的他，擔任相關領域的博士後研究員多年，但他從來不會說自己的熱情是在工作上。對他來說，在工作上的執念，或許是對於生活壓力的不得已，可是他工作之餘認真的品酒、看歌劇，這樣的生活型態也是很令人羨慕。

為什麼你無法做自己不喜歡的事情？

（解方→P88）

第一、你太短視了。在這快速變動的年代，很多人都期待自己的付出，要能夠馬上看到成果。但是，太快得到好處的東西，往往都是一場騙局，像是要投資詐騙的套路，就是讓人一開始嚐到甜頭，之後就一路陷下去了。

第二、你只是在找藉口。有些人可能也不知道自己喜歡什麼，但覺得要努力是一件很辛苦的事情，就說服自己不能做不喜歡的事情。可是實際上，你根本就沒有想要做的事情。

心理學小科普

「毅力」（perseverance）

恆毅力（grit）是近幾年蠻火紅的概念，主要原因應該是跟心理學家安琪拉·達克沃斯（Angela Duckworth）認為恆毅力是比智商、天賦更重要的成功特質有關係。而毅力只是恆毅力當中的一個要素，另一個要素就是熱情。對比恆毅力，毅力有點像是沒靈魂的機器人，很努力不懈，但是對於為什麼努力，其實沒有那麼強的執念。不過，我覺得很多人在談毅力的時候，其實是指恆毅力。只是因為恆毅力是比較新的概念，所以大家也不要太敏感，覺得別人在說你有毅力時，是在諷刺你只是窮忙。近來對於恆毅力的批評，主因可能和恆毅力的量表有關係，因為有學者認為這個量表過度看重毅力的成分，而忽略了熱情的成分。但在一個後設研究中發現，其實恆毅力之所以能夠和成功有關係，主要是因為對目標的熱情，而用恆毅力量表不能精準測量到一個人的熱情，所以會錯誤的推論恆毅力和成功沒關係。

Lesson 7

沒熱情的事情，不勉強自己

幾年前我有一位學生，對自己未來的規劃有點迷茫，家人希望她報考臨床心理所，她抵擋不過家人的要求，就選擇報考，還成功考上了。入學後，她的表現還可以，但是有一次我問她，覺得自己念完後，真的會成為一位臨床心理師嗎？她不假思索的說：「如果我家人沒有逼我，我一定不會去做臨床心理師，因為這件事情太不適合我了。」

雖然我很想要幫她跟家人遊說，不要逼她做她不喜歡的事情。但是，父母對孩子有期待並不是壞事，而且孩子也沒有因此出現嚴重的身心不適，我的介入反而會顯得不恰當。

而我也曾經遇到過，過度勉強自己滿足父母期待，自己卻過得非常痛苦的學生。當我遇到這樣的學生，就會在徵詢學生的同意後，幫他跟家人溝通，只是成效不一定好，因為有不少家長會覺得自己很懂得孩子需要什麼，認為他們幫孩子做的規劃，才是孩子最需要的。

不得不勉強自己的例子實在太多了，像我也有朋友，因為出生在醫生世家，家人一定要他重考念醫學系。他考了好幾次，總算考上了，但他對於當醫生真的沒有那麼強烈的興趣，當了一兩年的醫生，就放棄繼續當醫生了。

看到像我朋友這樣的例子，我都不禁會想，為什麼一定要等到投入這麼多資源，才選擇放棄呢？

不過回頭再看自己，明明大一就發現念的科系不適合自己，我也沒有馬上轉系。但是若仔細去看，我並不是真的勉強自己，只是沒有做轉系這個選擇罷了。我之所以說我沒有勉強自己，是因為我當時選修很多心理學的課程，也擔任學生輔導中心的工讀生，希望自己可以多了解心理學。另外，在進行畢業論文的時候，我也選擇了和心理學很接近的議題，也就是說我是個地下的心理系學生。

然而，到底什麼時候要放棄，什麼時候要催眠自己再堅持一下，真的很難判定。每個選擇，可能都會有不一樣的結局，至於哪個比較好，也很難下定論。有時候我也會想，如果我大學的時候再堅持一下，或許也會有很不一樣的發展。不過，現在回頭看，我不會覺得後悔，反倒是好奇多一點，會很想知道自己當時如果沒有放棄，現在會變成什麼樣子。

那究竟什麼時候可以毅然決然地放棄呢？我認為，如果放棄的後果是你可以接受或是不在乎的，且你已經知道自己放棄之後要做什麼別的事情，此時此刻，就是你該勇敢選擇放棄的時候了。

倘若你還沒有到這樣的境界，就意味著你其實還沒有準備好，我就不鼓勵你直接放棄。不過，現在很多人都蠻衝動的，像是不少人工作上不順利，就在還沒有找到下一份工作前裸辭。這在我看來，都可以再多一點緩衝。

做自己不喜歡的事情，壞處很多

如果你長期做自己不喜歡的事情，最明顯的壞處就是：你會很難獲得成就感。因為你不喜歡那件事情，投入的程度自然會比較差，成果當然不會好，而這些不好的成果，又會加深你對於這件事情的厭惡程度。最糟糕的情況，就是你可能會產生一種習得無助的感覺，會覺得自己對生活沒有選擇權，只能任由別人宰割。若是這樣的情形沒有妥善處理，也可能是導致憂鬱傾向的起因，大家不得不多加關注。

另一個常見的壞處，就是因為長時間做自己不喜歡的事情，弄得自己身心俱疲。美國史丹佛大學的傑弗瑞・菲弗（Jeffrey Pfeffer）教授在《*Dying for a Paycheck*》（因謀生而死）這本書中就提到，百分之六十一的員工表示職場上的壓力讓他們生病，其中更有百分之七的人必須住院治療。當然，職場上的壓力，不一定是源自於員工對工作的不滿，但必然是其中一個原因。所以，千萬不要小看「厭惡工作」對於你的影響。除了工作之外，其實**只要你是長時間做著自己不喜歡的事情，基本上都會讓你累積很多的負能量。**

而除了對自身的影響之外，你也可能因為心情不佳，影響到和其他人的互動，形成一個對自己很不利的惡性循環。在這樣的狀況下，同事們也很難對你伸出援手，因為去同理你對於工作的不滿，似乎意味著他們對工作也是不滿的，可是他們可能不一定有這樣的感覺，內心就會出現價值觀的衝突。

你的選擇遠比你以為的多

很多時候，我們之所以不敢放棄，是因為我們擔心自己放棄了，就會失去那個自己可能需要的事物，有可能是金錢，也可能是身分地位。但是勉強自己做事情，對你造成的損失，不一定會比放棄來得少。更何況，我們都錯誤的以為，只有做那些自己不喜歡的事情，才能夠獲得自己想要的東西。

其實只要你的條件不是太差，基本上你都沒有必要遷就於自己不喜歡的事情。有的時候願意放棄，反而讓你會想要去嘗試新的事物，你也有可能就此發現了自己很喜歡的事物。

就像有些人，在發現伴侶已經不愛自己了，或是你已經不愛這個伴侶的時候，會陷入一個裹足不前的困境，也是很不值得。當你沒有放下一段感情，你怎麼有可能讓自己去開啟另一段關係呢？既然一段關係已經變調了，就沒有必要執著，換一條路走，或許最終成果會更好。

困住我們的，往往是虛有其表的自尊，我們會覺得自己如果不堅持下去，就是一個不夠好的人。可是你雖然心底這樣想，表面上卻不願意讓人看穿，想要維持一個良好的形象。其實優雅的退場，承認自己並不適合某件事情，也是一件值得驕傲的事情，都比起委屈自己逞強好多了。

只要你很清楚的知道，自己不會因為沒辦法把一件事情做好，就什麼事情都做不好，你就會發現，自己能夠走的路，真的沒有你想像的窄。有時候機會就在眼前，等著在恰當的時機來找你，你總要促成這件事情的發生，否則就會錯過了。

怕的是你沒有想做的事情

不勉強自己做不喜歡的事情，固然很重要，但是現在很多人的問題，其實是不知道自己想要做什麼。也就是說，這些人基本上沒有對什麼事情有熱情，只是他們對於一些事物更是缺乏熱情。我覺得這樣的人現在還不少，他們就有點像是漂流在海上的枯木，面對潮起潮落，不做出什麼反應，只是隨波逐流。

近年來，所謂的「厭世代」就是這樣的典型代表。這些人普遍薪資不高，過著貧窮的生活，覺得自己的未來一片迷茫。有些人一開始還會想要做出改變，但發現自己的努力，並不會幫助自己改變現狀，就漸漸放棄了。

少數想要改變的人，也可能因為門檻過高，幾經嘗試，卻始終沒有收穫好的成果，最終也妥協了。我覺得這真的非常可惜，如果我知道周遭有朋友在追尋自己的夢想，我一定會想辦法用自己的力量支持他們，因為我不希望社會上又少了一個願意去追逐自己愛好的人。

如果你是那種不太知道自己喜好的人，也不要因為有壓力，就人云亦云，跟風別人做事情。盲目的跟風，多半下場都不會太好，反而會讓你有更空虛的感受，因為你又多了一件自己不喜歡做的事情。

在這種時候，比較好的做法，應該是像外國青年空檔年（gap year）的方案，多數的人在空檔年會選擇到海外去當志工，但他們一定會預留一些時間給自己，這時間可能是拿去玩，或是探索自己真正想做的事情。但我覺得**關鍵在於，你能否敞開自己的心，願意去接納可能的改變。**如果你沒有做好這樣的準備，那空檔年恐怕也無法讓你發現自己的喜好。

為什麼你委屈自己？

〔解方→P88〕

第一、你沒有改變的勇氣。有些人雖然不滿於現狀，但又害怕即使做出改變，自己還是會感到不滿。我認為就算改變之後，你可能還是會不滿意，但有做出這樣的嘗試，會讓你更接近找到自己的真愛。

第二、你害怕被討厭。有些人放不下自己討厭的事情，是因為不希望被別人討厭，特別是當這個人是親密的家人時。這確實是很不容易的處境，但是你要知道，你的人生終究是自己的，沒有人會為你負責。只要你能夠把事情做好，家人對你的不諒解，也會逐漸消退。

心理學小科普

「過勞」（burn-out）

過勞是在國際疾病分類系統（International Classification of Disease, ICD）當中有記載的疾病，不過它不是屬於一種醫療狀況，而是被歸類為一個職類的現象。有這樣的分類，是因為過勞重點是在職場壓力對個體造成的後果，而不是專注在造成生理上的疾病。在ICD中，過勞的定義包含三個面向：一、感到能量耗盡或是筋疲力竭；二、跟工作的心理距離變遠了，或是對於工作有負面的感受；三、職業工作效能的下降。雖然過勞的定義，是專注在職場相關的部分，但是如果一直沒有處理，過勞就會併發其他的負面影響。像是有些員工長期過勞，可能併發焦慮、憂鬱等徵狀。所以，若你發現自己在工作上有負面的感受，應盡早尋求專業協助，以免這樣的負面感受，擴散到你生活的其他部分。

Lesson 8

熱情固然有用，但不是萬能

雖然擁有熱情，可以讓你做事情比較有效率，也比較不容易放棄。但是，大家不要誤以為只要自己有熱情，所有事情就會迎刃而解。因為你對一件事情有熱情，不代表你就很在行；如果你有熱情的，並不是你擅長的，你很有可能會事倍功半，最終還是得仰賴自己擅長的事情維生。

另外，你的熱情也可能不一定是目標導向，以至於你並不會因為對一件事情很有熱情，就能迎接成功。雖然我們並不是都要那麼現實，但真的不是每個人都有浪漫情懷，可以去追逐自己所愛的事物。若你愛的事物很難有變現的機會，你勢必就要做一些取捨。

就拿藝術創作為例子，這條路不能說完全不能變現，但你若因為少數成功案例，就覺得只要持續堅持自己的熱情，一定會成功，那也不太恰當。像荷蘭畫家文森．梵谷（Vincent Van Gogh），雖然現在是家喻戶曉的後印象派畫家，他很熱愛畫畫，但在他逝世之前，只有賣出過一件自己的畫作，價格還不是特別好。所以，你不能看到梵谷現在的作品價值連城，就覺得自己應該也可以。如果你沒辦法突破梵谷在死後才成名的困境，這樣的發展應該也不是你樂見的。

還有很多人因為喜歡手沖咖啡、做烘焙，就期盼自己有一天可以開間小咖啡館，或是甜點店，來養活自己。但是，要在有人潮的地方開店，沒有想像中那麼容易。而且喜歡做一件事情，和要用這件事情賴以為生，真的是不一樣。我父親曾經有一位碩士生，做研究之餘，很喜歡烤蛋糕請大家吃。由於獲得不少好評，他畢業之後沒有去找相關的工作，而是在家人的支持下，開了一間網路烘焙店。雖然沒有店面的成本，可是設備支出也是相當可觀，加上同行競爭激烈，要賺錢並不容易。最後，經營沒多久，就把這個事業收掉，回到相關的職場上班了。

我也有學生曾經有廚師夢，她還去考了丙級證照。只是，有一次在中秋節開賣自己做的糕點後，她覺得自己對烘焙的熱情，沒辦法延伸到處理訂單上。所以，如果這是路上不可避免的，她可能就會選擇放棄，即便她對於烘焙還是很有熱情。

熱情帶給你錯誤的期待

或許我在一些方面還是比較保守，但我真的認為，有些不顧一切追逐自己所愛的人，根本沒有做務實的規劃。就像一些新創公司，可能有很好的願景，但欠缺周詳的考慮，結果只好在沒有新資金進帳時，或說發展不如預期時，選擇草草收場。

別說一般民眾會這樣，連大企業都會犯類似錯誤，只能說**當你一頭熱的時候，會因為過於樂觀，而導致你忽略了可能的風險，犯下大錯**。美國矽谷新創公司 Theranos（取英文 therapy〔治療〕和 diagnosis〔診斷〕頭尾部分組成的合成詞）創辦人伊莉莎白．霍姆斯（Elizabeth Holmes），就曾經以滴血驗病的技術招徠投資，公司估值一度突破九十億美元。當時投資人誤信該公司標榜的，只需一滴血和一台儀器，就可以低廉的價格進行數百項健康檢測，進而徹底改變醫學，甚至吸引許多大牌投資人，獲得近十億美元（約新臺幣兩百七十六億元）資金，這就是一頭熱造成的憾事。

靈骨塔的詐騙投資，也是運用類似的做法。他們會用高額的獲利，來點燃投資人的熱情，並藉著一連串的欺瞞，讓投資人越陷越深。有不少被詐騙的人，即使到了歹徒已經被警察逮捕，還深信自己沒有被騙，只是短期投資虧損。

所以，**當你對一件事情有熱情的時候，一定要找一些願意給你忠告的朋友，讓他們給你客觀的建議。或者，你可以找一些持反對意見的人，聽聽看他們的說法。**這麼做，既可以提醒自己有哪些該注意的點，也有可能激起你的鬥志，讓你更有動力堅持自己的理想。我就知道有一些學生，因為做了父母不看好的事情，所以很努力要讓自己成功，我想這也是好事一件吧！

責任感才能持久

熱情有可能會讓人被蒙蔽，那什麼可以讓你持續清醒呢？我認為是責任感。因為人都是有點被動的，會需要一些強制性的方法，來幫助自己維持熱情的火苗。當你僅是對一件事情有熱情，你就比較有可能因為各種因素，像是現實考量、熱情退卻，而選擇放棄。但是當你把一件事情視為是一種責任，那就不太一樣，即便你也只需要為自己負責而已。

過去有研究者用不同的提問方式，企圖改變人們的行為，他們就發現，當提問把焦點放在對自己以及他人的責任時，人們就有比較高的比例會做出行為的改變。對於高社會依附的人來說，如果強調一個行為對其他人有比較大的影響，也會讓他們更有動機做出改變。

所以，**當你打算把熱情當作自己的志業時，也可以試試看做一點包裝，加入一些責任感的元素。**比方說你對寫歌很有熱情，那麼你可以主動出擊，詢問有沒有公益團體需要有人幫他們寫歌，這樣一來，寫歌這件事情就不單單是一種熱情，也是你對於這些團體的責任。

像我一直想要結合學生的專業，幫助有需要的社福團體做點什麼，但這想法只是一直在我心中盤旋，直到去年才終於被實踐。當時我們問有沒有朋友認識需要協助做募款企劃的公益團體，有個學生剛好認識一位公益團體社團的人，她馬上就幫我找到十二個社福團體，於是這件事情就不再是我心中的想法，而是對這些團體的責任了。

我只有給學生一個要求，就是一定要融入過去心理學研究的成果。還好老師就是有掌握學生分數這樣的特權，學生對於這種可以實踐心理學的方案也很有興致，所以這方案很成功。公益團體也紛紛表達對這方案的肯定，他們覺得同學們的觀點很清新、很不同，帶給他們不少的啟發。也有社福團體還真的拿學生的企劃去募款，而身為老師的我，當然拋磚引玉先捐款了。

不要再把熱情當作藉口了

熱情或許決定了你是否要起心動念做一件事情，但是你最後是否能堅持下去，坦白說和熱情沒有什麼關係。所以，不要太仰賴熱情，而決定做什麼；也不要拿沒熱情當作藉口，讓自己在放棄時比較沒有罪惡感。

如果你真的希望自己可以長久做一件事情，就想辦法把熱情做轉換，這樣你反而比較能夠堅持下去。就像我早期在做心理學科普推廣時，要求自己一個星期至少要有一篇產出，而這件事情也確實持續了幾年的時間。

至於之後為什麼沒有繼續做下去，答案有點複雜，主要原因是我覺得自己先前的做法並非盡善盡美。有個臺大的學妹問我，心理學研究這麼多，而且不少結論還是互斥的，如果我只介紹了其中一邊的發現，會不會誤導讀者？我當時雖然回覆學妹，我在介紹時會盡量鼓勵讀者更全面的思考，但不否認多數人不喜歡這樣做，人們喜歡簡單明確的答案。或許為了避免誤導讀者，我後來就減少單一研究的介紹，而會至少提供兩種不同的觀點。由於這樣做會比較費心思，自然就不太敢做太務實的承諾。

或許也是因為知道熱情不是唯一，現在我即便遇到自己有熱情的事物，也會很理性的幫自己踩煞車。我會問自己，能不能對這熱情許下承諾，也就是要對這熱情負責。如果答案是肯定的，我才會去追逐，否則就優雅的當個旁觀者。

為什麼你覺得熱情很重要？

〔解方→P88〕

第一、你在逃避面對現實。有的人可能也不是不知道熱情並非一切，但他們沒有想要去面對現實，就決定只把自己的熱情，當作唯一需要考慮的因素。

第二、你高估了熱情的重要性。通常資歷越淺的人，越容易看重熱情。可是，熱情在很多時候影響的是你做事情的感覺，而不是你到底能不能繼續做這件事情。

心理學小科普

「熱情（passion）與成功」

一些研究結果顯示，熱情和成功是有關聯性的。但其實中間的關係有點複雜，有一個研究發現，員工對於工作的熱情，只有當主管也對工作有熱情的時候，才會預測這位員工是否可以成功。如果只有員工有熱情，但主管並沒有熱情，即使員工有熱情也是沒用。這樣的結果，或許一點也不讓人意外，只是身為員工，又沒有辦法選擇主管，該怎麼辦呢？我個人覺得，如果你對工作是有熱情的，但遇上了一個沒熱情的主管，那麼轉換一下，以長遠來看，對自己還是好處多一點。只是在尋找下一個工作的時候，你要想辦法先打聽一下，未來的主管是怎麼樣看待工作的，以免自己從一個火坑到了另一個火坑。

割捨 熱情 專注 規劃 固執 謙卑 佛系

FOR YOU

反。思。解。方。箋

Q5「你為什麼不敢做自己愛的事？」

❶ **解方** 不要太勢利，真實的問自己，去做探索，你才有機會發現自己真正喜歡的事物。

❷ **解方** 你的生活不是只能包容這個喜好，你可以先練習分一些部分給這個喜好，再慢慢做調整。

Q6「為什麼你無法做自己不喜歡的事情？」

❶ **解方** 幫自己設定一些獎賞，在一開始的時候，至少可以誘拐自己去做那件你覺得自己並不喜歡的事情。

❷ **解方** 如果你可以一路躺平，那也沒關係。若沒有辦法，還是務實一點，有什麼就做什麼，至少要有所行動，而不要只是空想。

Q7「為什麼你委屈自己？」

❶ **解方** 提醒自己，做出改變有可能有好的發展，多把焦點放在好的發展上，你才會有勇氣嘗試。

❷ **解方** 你可以透過事前的溝通，打預防針，降低來自其他人的阻力。

Q8「為什麼你覺得熱情很重要？」

❶ **解方** 強迫自己一定要去想，為了這熱情的追逐，自己需要付出多少代價。就算是失準的預估，也比完全不考慮好。

❷ **解方** 問問自己，如果沒有熱情了，還有什麼理由能夠讓你繼續做下去，而這些都可能是當你失去熱情時，可以讓你再堅持一下的理由。

Section

2

規劃自己

專注．規劃．固執

專注？規劃？固執？

專注的真諦，不在於每一分每一秒都專心，而是想要專心的時候，可以專注在該專注的事物上。在不需要專心的時候，也可以盡情的放鬆，為自己充電。

在規劃的時候，我們往往只想著要怎麼成功，而忽略了要預想有什麼閃失該怎麼辦。讓自己對事情有多一點的掌握，就能降低這些不確定性。

固執是一個被誤解很久的概念，其實固執的本意是好的，因為你在一定的情境下，堅持用對的方法做事情。一個負責任又固執的人，必須常常內省，才能讓自己不至於變成頑固、不知變通的人。

專注

所謂的專注就是...
認真！
該專心的時候專心！
追劇中
該放鬆的時候放鬆！
我發現你好像只專心10分鐘，但已經放鬆2小時了。
啊哈哈...有嗎？
出現！

Lesson 9

你以為你不專心，其實是你不知道要專心做啥

常會有學生跟我說：「老師，我念書常不能專心，你是做注意力研究的，你有什麼好方法嗎？」通常我都會先反問學生：「你有真的想要念書嗎？你是不是其實想著要做別的事情？」學生聽到我這樣回覆，通常都有一種突破盲點的頓悟感，因為他們沒有從這個角度，來看待自己念書無法專心這件事情。

正因為如此，你若希望自己專心，最重要的，就是要有明確的目標，並且要真心期盼能夠達成這個目標。要做到這個境界，沒有你想像的簡單，我們的生活中充滿了太多外在的干擾，更別說有來自你自身內在的干擾了。

但是，當你很明確知道自己要的是什麼，大腦啟動了由上而下（top-down）的機制，就越有機會幫助你專注在處理你想要的事物。就像當你看到「威利在哪裡？」的圖片時，如果你根本不知道這張圖是做什麼用的，你可能完全不會留意到，當中有個

角色叫做威利。即使你知道這張圖裡面藏了一個威利，也不一定可以很快找到，因為圖中有太多長得像威利的干擾物了。可是，如果你知道在圖中的威利，除了著紅白橫條紋衣之外，還拿了什麼東西，你找到威利所需要耗費的時間就會更短一點。

該怎麼制定明確的目標

如果人生的方向，可以像找威利一樣明確，該有多好？但是你想想，如果你已經知道自己努力最終會得到的東西，就跟你預想的一模一樣，那也有點無趣。而且如果你的目標很具體，只要你知道這個具體的目標已經不可能達成，你也會頓時喪失動力。就像過年期間發售的刮刮樂，通常都會有超高額的獎金，可是一旦你知道大獎已經沒了，買刮刮樂的意願就會大幅降低。

為了避免這種狀況，你**制定目標的時候，要盡可能避免那種，不是靠自己的努力，就可以達成的目標**。比方說，你希望拿下部門業績的冠軍，這就不是單純靠自己努力就可以達成的目標，因為這涉及了和其他人之間的競爭。與其設定那樣的目標，你應該是設定自己要達成多少營業額，並且在設定時，稍微務實地考慮自己過去紀錄以及大環境的狀況，才不會制定了一個遙不可及的目標，最終對自己也不會有正面的影響。

像我在寫文章，或是做podcast，主要考量都是有沒有把想傳達的訊息都傳達了，以及自己是否已經盡全力，只要有達到這些指標，我就會認為自己完成任務了。當你是用這樣的心情在做事情，就比較不會受到一些莫名的干擾，像是點閱率，或是聽友的負面留言等等。因為你知道你的目標是把內容做好，至於其他的環節，不是你在製作內容的時候需要思考的。

設定難度不適合自己的目標，不論是過於困難，或是簡單，也是不適合的。太難的目標，會讓你容易打退堂鼓，因為你會覺得不管自己再怎麼努力，都很難實現那個目標。相對的，過於簡單的目標，雖然可以快速完成，但完成後反而會讓人怠惰，不一定對自己有好處。

前面我提到，要避免那種具體且不是自己有完全掌控權的目標制定，那麼如果是抽象的，但是自己可以有完全掌控權的目標，到底適不適合呢？我的答案是否定的。

因為抽象的目標，會讓人不太確定，而究竟自己是否有達成目標的感覺，同樣也會讓人有種不確定感。

比方說，你幫自己設定的目標，是成為一位成功的直銷業者。這個目標雖然靠你自己的努力就有機會達成，但是，什麼叫做成功？這就有點模糊不清了。在這樣的狀況下，你會無法確定自己什麼時候算是成功，就很有可能會分心，無法聚焦在達成這個目標上。若你的直銷體系是有等級制度的，那麼與其幫自己設定成功這樣不明確的目標，你應該要把目標訂為要在什麼時間成為特定等級的成員。

不是有目標就一定會專注

雖然有了目標很重要，而且有助於你能夠專注，但是大家不要誤以為，只要有了目標，一切就會水到渠成。因為我們的大腦實在太容易受到干擾了。清楚的目標，可以幫你抵抗來自自己內部的干擾，可是對於外在的干擾，就沒有太好的抵抗力。拿最簡單的例子來說，你很清楚知道自己要好好準備某個考試，因為通過考試會讓你的人生有很大的轉變。但是，在你準備考試的過程中，如果周遭有巨大的聲響，或是有很香的食物氣味，都可能會讓你分心。

所以，**搞清楚哪些外在干擾會對你造成影響，非常重要**。這個議題在心理學研究中很常見，簡單來說，那些知覺屬性突出的事物，像是巨大的聲響、閃爍的亮光等，都會對我們造成干擾。或是突然冒出來的東西，會很本能的捕捉我們的注意力。

不過，也不是所有的研究發現，都和大家直覺以為的一樣。比方說，我們可能會覺得，一個人在做比較簡單的事情時，會比較有能力專注，不容易分心。可是，研究結果卻並不是如此。

有研究者要求參與者在一圈的英文字母當中，尋找X或是N，有的時候這一圈只有一個字母，其他都是圈圈（簡單的任務）；有的時候這一圈的字母都是不同的字母（困難的任務）。而在這一圈的字母旁邊，會有大大的X或是N，因為參與者要判斷的是這一圈英文字母中有X或是N。結果發現，只有在困難任務的狀況下，大大的字母和一圈的字母中是否都有X或是N，或是一個有X，一個有N，基本上反應不會有差異。也就是說，在執行困難的任務時，參與者反而是比較專注的。

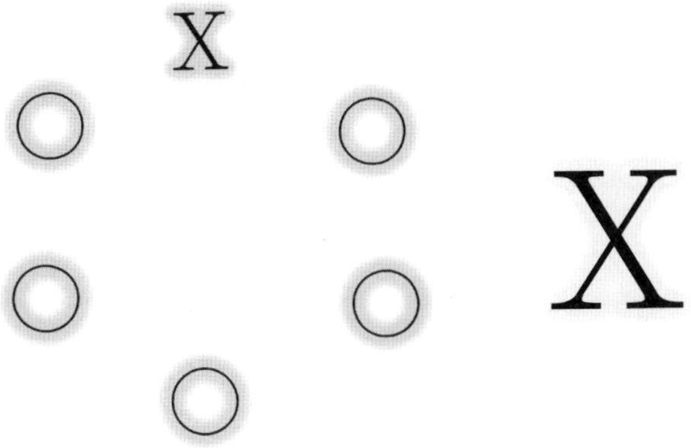

▲簡單任務示意圖。在圍成一圈的東西中，只有一個英文字母 X，所以參與者要判斷有 X 出現。雖然在這一圈東西的右邊，有一個大大的 X，但這個 X 是一個干擾物，參與者不需要針對干擾物做判斷。

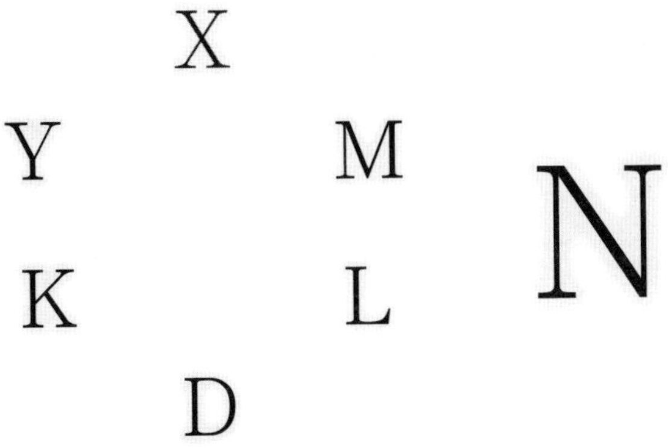

▲困難任務示意圖。在圍成一圈的東西中，全都是字母，裡面同樣有出現一個 X，所以參與者要判斷有 X 出現。即便在這一圈字母旁邊有一個大大的 N，但是他們不需要理會這個 N。

每個人的注意力運作都不太相同，有些人比較容易受到聲音的干擾，有些人則是比較容易受到氣味的干擾，還有些人只要坐的椅子不舒服就會受到干擾。**你要找出自己比較容易受到哪種干擾，並且想辦法排除那些干擾，讓自己可以維持專注。**我是一個很容易受到氣味影響的人，如果周遭有讓我不舒服的味道，我就會想辦法換個位置，或是趕緊噴一些我喜歡的香氛之類的東西，蓋住那個讓我不舒服的味道。

要產生關聯性

我想多數的朋友應該都有為了某件事情廢寢忘食的經驗，不管是念書、工作、追劇或是打遊戲。歷史上有些名人也都有類似的經歷，像是書法家王羲之曾誤把墨汁當水喝，物理學家牛頓則是不小心把自己懷錶拿去煮了。

你有沒有想過，為什麼人們可以那麼專注呢？這背後的主因就是關聯性。因為那些事情是你很在意的，覺得跟自己有高度關聯性，所以你會非常投入。這就是我前面提到，由上而下的注意力運作是有關聯性的。

你回想一下，在二〇二一年三月下旬，長榮海運有一艘貨輪被卡在蘇伊士運河的時候，你會不會覺得突然很常聽到「長榮」、「運河」這幾個字眼；或是你買了某件新衣服之後，就常常發現有人跟自己撞衫。這兩個現象都是一個錯覺，你之所以會覺得事情發生頻率變高了，都是因為你認為這些是跟你有關聯性的事物，所以就會刻意去關注，也就是說你會專注在這些事物上。

如果你希望透過產生關聯性，來幫助自己達成目標，那麼你就要多去模擬，一旦哪天達成目標之後，自己會有怎麼樣的轉變，又會得到哪些好處。這樣的模擬，會讓你對這個目標有更緊密的關聯性，也就會更專注在達成這個目標上。不過我也要溫馨提醒，這些模擬最好是比較有可能實現的，否則對你的效用會打折扣。

為什麼你就是不能專心？

〔解方→P128〕

第一、醉翁之意不在此。這其實是很多人不能專心的根本問題，因為你被迫做自己不想做的事情，自然會沒辦法專心。

第二、**任何風吹草動都會對你造成影響**。對於內外在的干擾有感，本身並不是一件壞事情，這其實表示你的大腦很勤勞，想要處理所有的訊息。可是，這樣的能力對於環境沒有太大變動的現代人來說，反而變成了劣勢。

心理學小科普

「注意力的運作機制」

注意力的運作可以分為兩種不同的型態：一種是有目的性的，所謂「由上而下的運作」；一種是被動的，所謂「由下而上的運作」。理論上，當你有一個要達成的目標時，由上而下的注意力會主導你的注意力運作。但是有些時候，如果你不是那麼專注，或是干擾刺激非常強烈，由下而上的注意力運作就會主導你的注意力。像是在寫作業的學生，理論上應該是要專心寫作業，此時若他一直聽到別人在玩電玩發出的聲音，就會不由自主地去留意那個聲音，而不是把注意力放在自己的作業上。一般我們在談的專心，就是只要強化由上而下的運作，弱化由下而上的運作。如果一個人雖然在上班，卻滿腦子想著要去度假，由上而下的運作是很強，但是用錯地方，從旁觀者角度也不會覺得這個人是專心的。

Lesson 10

沒必要勉強自己按部就班，用自己的步調就對了

如果有人給你一個任務，你是馬上就去做，還是凡事都要拖的那種？我很確定我的大兒子是什麼都要拖那一種，不論事情是大或小，每次要他做事情，他總是會說：「等一下。」如果等一下之後，他記得完成也就罷了，偏偏很多時候完全忘記要去做這件事情。

以前我也蠻習慣「等一下」的，因為我不希望自己正在做的事情被打斷，也因此忘記做的悲劇不時上演，所以後來我都會把沒辦法當下完成的任務，寫在便利貼上，並且註明死線是什麼時候。到了現在，年紀漸長，我發現即使寫在便利貼上，還是有很大的機率會忘記做。因此，現在有什麼該做的事情，我就會馬上去做，就是怕自己之後忘記了。

面對短時間可以完成的任務，我會這樣做安排，但是對於比較大的計畫，我的

割捨
熱情
專注
規劃
固執
謙卑
佛系

安排就不太一樣了。我基本上是一個很規律的人，一定會在一開始就安排好進度，比方說要錄製新的教學影片，就是每週錄製一個章節的課程。因為我工作的穩定性比較高，所以我的進度也可以很穩定的安排。

但是，對一些人來說，工作上突發狀況很多，做這種按部就班的安排，並不是很恰當。因為你可能突然一整個星期都很忙碌，甚至需要出差，就不能照進度來做事。

還有一些人是那種不見棺材不掉淚的類型，在死線還沒有到之前，絕對不會開始做事情，往往都是一個死線接著另一個死線。雖然我們主觀上都會覺得，這種不按部就班的人通常沒有辦法把事情做好，但實際上真的是那樣嗎？可能不盡然。就像在龜兔賽跑的故事中，按部就班的烏龜雖然看起來比兔子厲害，但是你有沒有想過，如果兔子沒有睡過頭，只是晚了一點起跑，兔子不一定會輸給烏龜！

照自己的步調走就對了

這幾年，由於唐鳳的緣故，很多人認識了番茄工作法（Pomodoro Technique），簡單來說，就是把大任務切割成小任務，然後每完成一個小任務（一個番茄）就休息一下。這方法或許適用於唐鳳以及不少的成功人士，但不代表這個方法就一定適合你。因為有些人很容易分心，如果把任務做了切割，每次休息之後，反而要花很長的時間來暖機，造成工作效率不彰。

多數的人畢竟不是機器，工作效率有時候比較快，有時候會比較慢。這種人可能就不適合用時間切割自己的任務，而是應該依據自己的工作習性，安排每個區段該多久休息一次。比方說剛進到辦公室，你還不太能夠專心，每個區段就可以短一點；在比較能夠專注的時候，就把區段放長一點，讓自己能沉浸在高效工作的心流之中。

如果你是那種有壓力，才會做事情比較高效率的人，你就應該要依據事情的急緩程度，幫自己制定更細緻的死線。就拿規劃一趟旅行為例子，最需要決定的是交通方式以及住宿。那麼，當你在做旅行規劃的時候，就可以要求自己在幾天之內先搞定交通與住宿，然後在快要去旅行之前，才要求自己要在幾天前完成細部行程的規劃。也就是說，**步調的快慢，真的不是最關鍵的事情，重點是你到底有沒有選擇了適合自己的步調。**

不過，若有可能的話，我還是鼓勵大家，**不要把所有事情都放在最後一刻才執行**。會這樣建議，也是依據心理學研究的成果。比如有很多研究都發現，分散學習比集中學習的成效更好，即使花了同樣的時間，分散學習的效果還是比較好，因為有助於形成更多的情境線索，能夠幫助記憶提取。另外，在最後一刻做事情，如果又遇上突發狀況，就真的沒有辦法把事情完成了。

動作慢又何妨

有些朋友的困擾，可能不是要不要依自己的步調來做事情，而是動作太慢，在生活中造成了一些困擾。確實，在成果可以被具體量化的情境下，同樣的時間，若完成比較少的東西，難免會給別人一種績效差的觀感。即使你可能知道，自己完成的東西品質比較好，也是無濟於事。

在一切追求快還要更快的年代，人們很多時候會看重效率，而不是品質。但如果你的績效還不至於差到會對你自己造成威脅，大可以不用理會自己的績效比別人差。

不過你要能夠承受這樣做的後果，就是當獎金制度若是以績效來計算，你一定多少會有一些損失。

你想像一下，有些人喜歡開快車，但他就算比較早抵達目的地，那又怎麼樣呢？很多時候，早到的還要等候那些晚到的人，更別說開快車也不一定會比較早到達目的地，因為中間可能交通壅塞，大家全都塞在路上。

如果你總是擔心自己動作不夠快，反而會因為壓力，而在過程中犯錯，結果做事情更沒有效率。**不能像兔子一樣快，至少要穩定前進，不偷懶，最終你不一定會比兔子慢太多。**在韓劇《未生》中，只有高中畢業的實習生，一開始什麼都不懂，只會用很笨的方式做事情。但是他沒有因此氣餒，知道自己做得比別人慢，就每天早點上班，晚點下班，用時間來彌補。

認真才是關鍵

在旁人的眼中，我是一個動作很快的人，有時候我自己也引以為傲。但是，我也不得不承認，在這種高效、快速的過程中，我其實錯過了很多生活中可能的美好。就像太太有時候會推薦我一些很不錯的餐廳，我常常有點錯愕，因為我明明很常經過那間餐廳附近，怎麼從來沒注意到有這樣一間餐廳。

又好比吃東西，如果總是囫圇吞棗，你很難去感受食物的美味。我們之所以會推崇米其林星級的餐點，除了獲獎肯定的催眠效果之外，有很大一部分可能源自於你的細嚼慢嚥。由於這類型的餐點通常價格不菲，你捨不得大口大口的吃，結果因為細細品嘗，反而嘗到食物的不同風味。

但我要提醒大家，**放慢腳步和效率不彰，是兩件不同的事情**。放慢腳步是你認真檢視做事情的每個環節，而因為做了這樣的事情，讓你做事節奏感覺比較慢。效率不彰就不一樣了，是你沒有把全部時間投入在做一件事情上，也因為這樣才會做事情沒有效率。

近年來，有不少人在推廣慢活，就是鼓勵大家認真看待自己的每一個行為舉止。而在這樣的過程中，你反而會有機會，可以找到自己真正看重的事情，能夠聚焦在那些事物上。

去年夏天，因為想要去長濱一間有名的無菜單料理用餐，我們就在附近找了一間民宿住❷。這間民宿標榜沒有冷氣，一天只接一組客人，也沒有什麼花俏的設施。老實說，去之前我心裡有些忐忑，很怕小孩會不適應。結果這間民宿卻成了我們一家人的最愛，由於少了誘人的設施，反而讓我們看到當中的珍寶——老大看上了民宿主人珍藏的漫畫，老二看上了民宿主人飼養的小狗，太太看上了附近的花草樹木，而我則看上了在發呆涼亭的美景與氣氛。

在長濱住的兩天，我們基本上都只窩在民宿，每個人做自己想做的事情。看似平淡無奇，但對我們一家人來說，那真的是太美好的一個體驗！所以，在離開民宿前，我們就預訂了下一次拜訪的時間，這對我而言也是前所未有的經驗。

在這個速食年代，我們太容易誤以為效率才是最關鍵的。但是你要知道，**要比效率，我們根本不是人工智慧的對手。如果你錯誤的把重心放在效率上，那真是可惜了你生而為人的價值。好好認真過生活，快也好，慢也好，才是重要的。**

---

❷ 這間民宿已經夠有名氣了，我不想要在曝光之後，更難訂到房間。有興趣的讀者，就來信詢問，證實你是很有動機的吧！

為什麼你很怕自己跟不上進度？

〔解方→P128〕

第一、你擔心自己會被懲罰。如果沒有把事情做完，應該只有少數很有責任心的人會有罪惡感。多數的人們，都是因為有來自他人設定的指標，才會驅使自己有前進的動力。

第二、你不清楚自己的能耐。有經驗的老鳥，通常都會比較從容，並不一定是他們做事情比較有效率，而是他們比較清楚知道，自己做一件事情需要花多少時間。

心理學小科普

「分散學習成效佳」

我們直覺會認為，只要投入一樣的時間學習，那麼學習的成效就會是一樣的。但心理學的研究發現，並非如此。即便花同樣的時間學習，拆分成幾次的分散學習，相較於集中學習，最終的學習成效會比較好。之所以會有這樣的結果，是因為每次的學習，除了內容本身之外，也會有情境線索的學習，而這些情境線索，也有助於日後記憶的提取。而且，當你分幾次學習的時候，前一次學習的素材，有比較高的機會可以和新學的素材產生關聯性，而這樣的關聯性，對於把新學到的素材保留在記憶中，是有好處的。但是，要怎麼拆分學習素材，必須要很慎重，否則可能會造成反效果。不過少數基礎技巧的學習，像是練習彈鋼琴或學習某項體育活動，分散學習的效果就不如集中學習來得好。

Lesson 11

認真玩樂，你才能在該努力的時候全力以赴

我在念博士的時候，有次去拜訪一位比我資深一點的朋友，他剛好在附近的大學當助理教授。我忘了不知道聊到什麼話題，他突然說到：「當科學家是沒有假期的，不然我們怎麼有競爭力。」當下我不能說是很驚訝，但那時我多數的同學都過得蠻有生活品質，我偶爾假日去辦公室，幾乎都沒有遇上同學。

現在我自己成為老師了，我越來越清楚，若要在學術上卓越，真的是要付出不少代價。就拿學術發表為例子，做研究、寫論文、回覆審查委員的意見，都是需要花不少時間。而學術發表只是老師的其中一項任務，還有教學、大學社會責任、輔導等等的任務。

近期還有人統計了研究人員是在什麼時間投稿學術期刊的，在近五萬筆的資料中，他們發現上班日與假日投稿的頻率，只有些微的差別，顯示研究人員幾乎是沒有

在放假的。這個狀況在亞洲地區更為嚴峻，中國和日本的研究人員，有最高的比例是在半夜投稿。

不過，真的要日以繼夜的工作，才能有好的表現嗎？撇開學術圈，亞洲勞工的工作時長，遠遠超過歐洲國家的勞工，但產值也不盡然是比較高的。更有不少研究顯示，有去度假的員工，在度假回來之後，工作效率會比較好。

休息真的是有好處的

不是只有長時間的休息對人才會有好處。有個研究發現：如果讓實驗參與者在做一個找特定視覺刺激的任務時，中間有稍作休息，相較於沒有休息的狀況，他們的警覺程度能夠有比較好的維繫，只需要花較少的時間，就能夠找到特定的視覺刺激。

不過，到底休息時大腦在做什麼事情？這其實跟休息的類型與休息之前在做什麼事情是很有關聯性的。我們先來談談短時間放下當下任務的那種休息，就有點像是去茶水間喝杯咖啡、學生下課那樣的休息。

如果你在休息之前，是進行比較高認知負荷的任務，那麼你的大腦的活動，基本上會呈現一種備戰的狀態，隨時準備處理未來遇上的問題。相對的，如果休息之前是進行比較低認知負荷的任務，那麼你的大腦就真的是比較放空，一些過去的記憶，反而會有意無意入侵。簡單來說，當我們在休息的時候，大腦並不是完全停機，而是在做一種盤點、重整。

放長假這種休息，對人的影響又不太一樣。有個研究追蹤了學生在放暑假時的狀態變動，結果發現，**並不是放長假就會讓人有放鬆的感覺，關鍵在於個人的觀感**。在當事人覺得心情比較好的時候，不覺得自己因度假而損失一些機會，他們才會因為放假而有充電的感覺。這個結果也印證了不是隨便休息都有效。

如果你是去異地旅行來當作休息，這對你還有額外的好處。大腦可塑性之父邁克爾．馬蒂亞斯．默澤尼奇（Michael Matthias Merzenich）教授認為，在異地旅行時，因為有很多新的事物，大腦不能夠套用過往的方式來運作，這樣的結果，就會促成新的神經網路形成，對人也是一種充電的效果。

雖然休息的好處很多，可是如果一個人長時間在休息，還是需要付出代價。因為你對於原本熟悉的任務，可能變得比較生疏，做事情的效率會比較差。另外，從人際互動的角度來說，若是離開崗位太久，難免會影響你和同事之間的關係，也可能間接影響自己工作的狀態。

所以，**要休息之前，先想想你要怎麼休息，以及怎樣才能讓休息為自己帶來最大的好處！**

玩樂也是一種休息，但你會玩樂嗎？

如果你選擇要用玩樂的方式來當作休息，那麼你要先知道，究竟要怎麼玩樂！

在我們的教育養成中，有各式各樣教人學習的課程，但卻很少有教人怎麼玩樂的課程。**我所謂的「玩樂」，不是沉迷於手遊那樣的玩樂，而是依據自己的興趣而衍生出來的活動。**比方說，你很喜歡玩樂高積木，你把這件事搞得很透徹，還可以自行創作各式各樣有趣的作品，這就是真正的玩樂。

我在國中二年級之前，也是一個不懂得怎麼放鬆的人，總是有一點緊繃。國二的時候，我們原本班導師去當教務主任了，改由體育老師來帶我們班。一開始我其實有點擔心，因為這位體育老師個頭雖小，個性卻很兇悍，之前上體育課，我們就都很怕她。不過，自從她成為導師之後，我們反而發現她不同的一面，而她也因為有更多時間跟我們相處，發現到我這一顆傻呼呼的石頭。

老師想盡各種方法，讓我不要整天活在書本中，雖然現在也不太記得有什麼特定的事件，可能就是在各種潛移默化中發生的。而大概也是從那個時候開始，我有了一些別的興趣，像是我很喜歡聽廣播，也會把自己喜歡聽的歌，錄製在卡帶中，送給比較要好的同學。如果那時候科技更發達，說不定我在國中、高中之際，就會有自己的podcast呢！

我所謂的玩出名堂，就是要做到有可能賴以為生的程度，倒不是說你一定要用這件事情來賺錢，而是**你要能夠玩到一定的水準**。如果你很喜歡烘焙，那麼你應該要做到，可以讓別人誇讚說像是外面賣的；如果你喜歡登山，你就要做到別人會找你諮詢行程規劃，或是找你當嚮導。

在你還不是很有主見之前，可以當個小跟班，跟著一些很會玩的朋友，讓他帶著

你一起玩，或許你慢慢也會發現屬於自己的玩法。若你周遭真的沒有這樣的朋友，現在很多網路社群，你絕對可以找到能夠帶你入門的朋友。就我自己的理解，我覺得很多熱中特定活動的人，都希望能有更多人參與，所以你只要有意願，絕對可以找到那個帶你一起玩樂的人。

心態的改變是關鍵

前面我談了不少休息的好處，也跟大家分享了，不是所有的休息效果都一樣，有些可能反而會有不好的效果。但追根究柢，**要讓休息對人產生正面的效應，你的心態扮演很重要的角色。**

有些人可能覺得自己能力比較差，要勤能補拙，所以不敢怠惰，就怕自己停下來，和別人差距會更大。你如果是這樣的心態，就表示你的壓力很大，在壓力大的狀況下，人的表現本來就會比較差。而且長時間沒有休息，你的表現也會逐步變差，不僅是效率變慢，犯錯的機率也會升高。像是幾年前國軍誤射雄三飛彈事件，就疑似是人員在演習過程中休息不足釀禍。

只要你的心態是健康的，哪怕只是休息個十分鐘，對你的正面效益都有可能超乎想像。關鍵在於，你是否能夠真的放下工作的模式，快速進入休息模式充電。

劍橋大學有一個認知與大腦研究中心（Cognition and Brain Unit），這個中心每天會有兩次的coffee break，研究人員只要沒有急著要在當下處理的事情，就會聚在一起喝咖啡。當然，這些人也不是隨便喝喝咖啡聊是非，很多時候是在進行一些非制式的學術交流，用一個比較輕鬆的方式來談研究。

在英國，這種半休息半工作的型態還蠻流行的，像我系上的老師們早上也會聚在一起喝咖啡。我很確定他們不是都在聊研究，因為有一次喝完咖啡，他們聊到了世界盃足球賽，在那之後系辦公室就多了一個小箱子，裡面放著老師們的賭金。

我也曾經跟著老師組織的研究團隊去鄉間度假，表面上說是度假，其實是一個比較不正式的學術交流活動。第一天晚上，每個人用五分鐘介紹自己的研究，這個目的是讓大家設好目標，知道隔天健走時要找誰聊天。第二天基本上就是健走，然後大家各自找心儀的對象聊研究；到了傍晚，才會有一個比較正式的研究議題討論，當然之後就伴隨著很多的啤酒。我自己就是在像這樣的場合，跟好幾位老師建立關係，後來有問題也比較敢直接詢問他們。

所以，**你該練習幫自己打造休息的儀式感，不用太長的時間，也不用太複雜的東西，只要能夠讓你真正放鬆就可以了**。多練習幾次，你的大腦也會學習到，只要進入這個狀態，就要趕緊進入充電模式。

為什麼你會沒法放心玩樂？

〔解方→P128〕

第一、你不敢放手玩樂。在我們的文化中，不太鼓勵大家做不正經的事情，所以我們很容易把玩樂貼上負面的標籤。可是玩樂也好，休息也好，不一定就是不好的事情，要看你是用怎麼樣的方式來玩樂、來休息。

第二、你對於玩樂無感。我相信有很少數的人，真的是對玩樂無感，但多數的人並非如此，只是你還沒有真的認識玩樂。

心理學小科普

「度假的好處」

雖然整體來說，度假對人的好處稍微多一點，但實際上還是有很多眉角。澳洲昆士蘭大學的研究員詹．派克（Jan Pecker）比較了短期度假與長期度假，對於人的主觀感受、認知能力以及生理變化的影響。研究結果發現，不論是短期或是長期度假，對主觀感受、認知能力這兩類指標都有正面影響；但是在生理指標上的影響，則是不明顯的。他另外發現，度假的性質，以及當事人是否能夠把注意力從工作轉移到度假，都會影響度假對人的影響。如果一個人的注意力不能轉移到度假上，那麼度假帶來的好處也就不會發生了。所以，如果你打算透過度假來改善自己的工作效率，記得一定要認真的度假。比方說，工作上的郵件、即時通訊訊息就別理會了。最好是可以安排一些行程，像是烹飪體驗、戶外探索等等，都能夠有效轉移你的注意力，讓度假發揮更大的正面效益。

Lesson 12

能屈能伸，當專注力的主人

如果有人問你，怎麼樣才是專注力好的人，我想大多數的人都會覺得只要能長時間專注在一件事情上，就是專注力好的人。但這其實只對了一半，真正專注力好的人，是要能屈能伸，在該專注的時候，可以非常專心；一旦任務完成後，也可以快速抽離。

要能夠像切換開關一樣，決定自己是否要專注在一件事情上，其實並不簡單。這涉及好幾個心智運作歷程：首先你**要能夠排除干擾**，不論這個干擾是來自內部或外部，若套用一個心理學專有名詞，就是抑制（inhibit）；接著，你**要能夠在不同任務之間做切換**，在心理學中我們會用轉換（switch）來定義這個能力；最後就是**要能夠持續更新自己當下的目標**，這個能力和工作記憶（working memory）有緊密的關係。這三個能力，剛好就是執行功能（executive functions）當中的三元素。

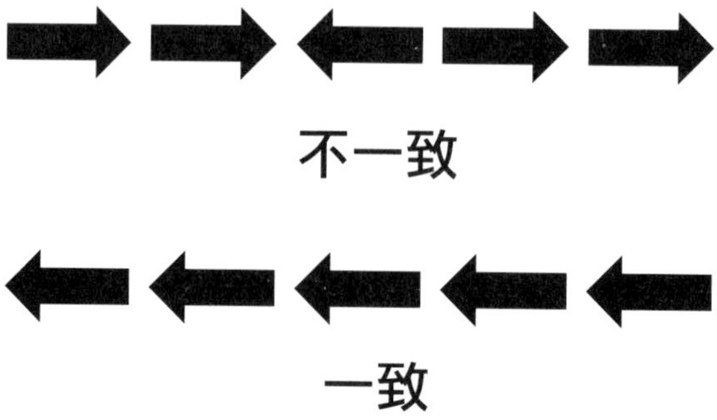

▲旁側干擾作業經典版本示意圖。雖然參與者一次會看到五個箭頭，但是他們只需要針對中間那個箭頭的方向來做判斷。

有一個簡單的實驗範式，旁側干擾作業（flanker task），就常常會被拿來檢測一個人執行功能的好壞。這個作業最經典的版本，就是在螢幕中央會出現五個箭頭，中間的那個箭頭，有可能和旁邊的箭頭指向相同的方向，或是不同的方向。不管旁邊的箭頭和中央的箭頭是否指向同一個方向，實驗參與者需要做的事情，就是判斷中間那個箭頭是指向左邊還是右邊。如果一個人的執行功能運作很好，不管中間和兩側的箭頭是否指向同一個方向，他做判斷的時間應該沒有太大的差異；但若他的執行功能不好，當兩側的箭頭和中間的箭頭指向不同方向的時候，他做判斷的時間就會比較長。

沒有做過這個干擾作業的朋友，可能會質疑這麼簡單的作業，真的能反映人的執行功能好壞？答案是肯定的。而且有研究發現相對應的大腦活動，右側額葉活動比較大的人，執行功能越好，在旁側干擾作業上也比較不會受到旁側箭頭的影響。

降低轉換的耗損，是能屈能伸的根本

要讓自己的專注力運作能屈能伸，最根本的就是要降低轉換時的耗損。如果你希望降低轉換的耗損，就要讓你的大腦熟悉轉換這件事情，就像用鍵盤打字要做中文、英文輸入的切換一樣。若你本來是用微軟的系統，後來轉變為蘋果的系統，那麼你在做中英文切換時，一開始一定會遇上很多困擾，因為兩個系統預設的語言切換鍵是不同的。但是，經過練習之後，你馬上就會習慣新的切換方式。

不過這裡提到的轉換，比前面鍵盤中英文切換的例子還要複雜一點，因為在鍵盤上中英文的切換，其實就是學習使用某一個按鍵來做這件事情。然而，要在不同任務間切換，你需要切換的是大腦的運作方式。這有可能是要在專注和休息之間做切換，也可能是要在做簡報和回覆電子郵件之間做切換。

當要切換的兩件事情之間差異性越大的時候，切換的耗損也就越大。所以如果你要練習做切換，可以先從在兩個比較相近的任務之間做切換開始做起，例如在寫文案和回覆電子郵件之間做切換，就是在兩個比較相近的任務之間去做切換。

在這邊跟大家分享一個我自己會使用的方法：我是一個工作需要聽音樂的人，而在前面章節我提到過，聽音樂會對於工作效率有不好的影響。但是善用音樂，也有可能提升你的工作效率，像我就是利用一邊工作一邊聽音樂，來訓練任務切換的能力。剛開始一邊聽音樂一邊做事情，對我的確是負面影響不小。但隨著經驗的累積，我現在有時候對音樂可以說是有聽沒有到，還必須要刻意切換才會聽到。

我覺得這個做法有效的關鍵在於，我很清楚知道聽音樂這個任務不是主要的，所以當我的專注力不小心過度投注在音樂上，我可以快速把自己拉回到主要的任務。不過，有時候剛好遇上我喜愛的歌曲，我就會在音樂上多停留一段時間。

如果你擔心自己真的太容易受到音樂的影響，你可以先選擇一些不會讓你有太大情緒起伏的音樂，最好是沒有人聲的音樂。在你已經習慣有音樂伴隨之後，就可以再逐步轉換歌單，讓你在工作時有自己喜歡的音樂陪伴。

之前歐美疫情嚴峻的時候，很多人都居家辦公，當時甚至出現一些有辦公室聲音的歌單，在音樂播放時，讓大家有身處辦公室的感覺。之所以會有這些歌單，是因為環境聲音對於人的影響是很大的，整體來說對工作效率的影響是利大於弊。

你不一定要用聽音樂的方式，來練習在任務之間做轉換，但要記得，在自己還不熟練這個技巧的時候，不要在差異性過大的任務之間做轉換，否則效率不彰，我可是不負責的。

打造不同的專注階梯

另一個訓練自己專注力能屈能伸的方法，就是幫自己建立不同的專注階梯，也就是**你要讓自己能夠視狀況，有能力調整專注的程度**。因為專注是很耗費資源的，如果你的專注力只有不專注和專注這兩種程度，對你是不利的。

仔細盤點自己需要做的事情，有一些是不是不用太專心，也可以做好。就像一些我們已經自動化的動作，根本不需要完全專注也能完成，如果你很專心做那些動作，就有點像在打電玩，用一個大絕招來對抗一個小角色，是很浪費的舉動。

那麼你該怎麼做，才能讓自己進入不同專注程度的狀態呢？我覺得要靠人主觀來做判定，確實不容易。我的做法是：在主要任務之外，搭配一個次要的任務，然後看自己是否能夠在一定的時間內，把兩個任務都完成。通常這個次要的任務，只要低度的專注就可以執行，像是回應旁人有一搭沒一搭的對話。

只要加入這個一次做兩個任務的狀態，你的專注程度就從兩種變成有三種了。那麼，如果這個次要任務又有不同的專注力需求，就會把你的專注力梯度變得更細化。當你熟悉了這些不同的專注狀態後，你就不一定需要這個第二任務，來幫助你進入不同專注的程度。

不過我要提醒大家，你的專注力梯度會受到很多因素的影響，所以不單是你做的事情本身，其他像是你自己的身體狀況、情緒狀態等，也都會影響你的專注力梯度。如果你還不太懂得收放自己的專注力，或許可以先用完全專注的狀態來做事情，但提醒自己要多休息，才不至於因為太早感到疲憊，終究沒辦法有好的效率。

能持續前進的，才會到達在遠方的終點

我不知道大家有沒有跑過馬拉松，我只有兩次經驗，但有一個很深刻的體悟，就是只要你沒有倒下，基本上都可以在期限內抵達終點。我在第二次跑的時候，前十公里跑得還蠻順暢，也比第一次快了不少。但是在最後五公里，陸續有點力不從心，而且腳開始會抽筋。當時我選擇先用走的，走一段之後，再稍微跑起來。可是，或許身體真的是累了，才跑步五分鐘，小腿馬上有快要抽筋的感覺，我就立刻止步。最後雖然成績不盡人意，但我至少是完成了半馬！

我覺得**一個人的專注力，可以比喻為一個人的體力，而完成任務，就相當於跑完馬拉松。雖然凡走過必留下痕跡，但是沒有通過終點線的跑者，是拿不到完賽獎牌的**。就像你雖然一開始很專心做簡報，但最後虎頭蛇尾，也是枉然。

所以，你真的沒有必要執著於自己一定要完全的專注，畢竟每個人能夠專注的程

度都不一樣。與其因為自己沒有別人專注，而覺得有罪惡感，甚至自我否定，你更應該做的是，了解依據自己的專注程度，要花多少時間才可以完成任務，以那個當作自己的基準。當你在沒有壓力的狀態下工作，反而比較能夠發揮自己的實力，最終的效果不一定會比較差。

你為什麼覺得沒辦法控制自己專心的程度？

（解方→P128）

第一、**你覺得自己很容易分心**。即使你是一個很容易分心的人，多數的時候，你還是有比較不分心和比較分心的狀態。雖然專心的程度有部分是受到外部因素的調節，但並不是全部。

第二、**你不覺得自己有能力可以這麼做**。就算你自認自我控制的能力不好，你終究是可以控制外在因素對你的影響，所以你還是有能力可以影響自己的專心程度。

心理學小科普

「轉換的代價」

很多人在做事情的時候，喜歡不停地轉換，因為他們覺得這樣沒什麼壞處。但是，透過精準的反應時間測量，心理學研究屢屢發現，人們在不同的任務之間轉換，都是有耗損的。雖然這個耗損有時候只是零點一或零點二秒，會讓人覺得微不足道。但是，大腦傳遞訊息的速度非常快速，這種小數點以內的反應間差，就有可能對於行為造成不少的影響。如果你是在兩個會相互競爭的任務間做轉換，那麼轉換的代價就更大了。比方說，你有時候要講英文，有時候要講中文，除了轉換的代價之外，講英文時還必須投入一些資源，來抑制自己想要講中文的念頭，反之亦然。所以如果不是必要，盡量不要在短時間內做任務的轉換。但是，如果你做一件事情已經呈現疲乏狀態，也不用堅持下去，休息或是換件事情做會比較好。

FOR YOU
反。思。解。方。箋

Q9「為什麼你就是不能專心？」

❶ **解方** 你該想辦法轉換一下目標，讓這個目標是你在乎的、關注的。比方說你不是很心甘情願想要完成老闆交代你的任務，那麼你就找一個你在乎的事情，像是如果完成這個任務，你就要去吃一頓大餐。雖然同樣是要完成任務，但是因為你的目標改變了，你就比較有可能會專心。

❷ **解方** 有些人本身就是比較容易會受到影響，如果你剛好是這樣的人，那麼你就要更嚴格選擇自己工作的環境，盡可能幫自己排除外在的干擾。

Q10「為什麼你很怕自己跟不上進度？」

❶ **解方** 先預想被懲罰的後果，如果都是你可以承受的，就不需要太過擔心會被懲罰這件事情。放輕鬆做事情，說不定效率會更好。

❷ **解方** 你要多嘗試，並且客觀記錄自己的表現，那麼你就會知道有哪些事情是自己擅長的，哪些又是自己不擅長的。

Q11「為什麼你會沒法放心玩樂？」

❶ **解方** 建立一些正面的玩樂經驗，讓自己知道玩樂對自己是有好處的，練習把玩樂也排入行程，那麼你就不會因為玩樂而有罪惡感。

❷ **解方** 多方體驗不同的生活型態，或許你也會找到讓你著迷的事物。

Q12「你為什麼覺得沒辦法控制自己專心的程度？」

❶ **解方** 刻意比較自己一心二用，以及沒有一心二用的時候，在工作效率上的差異。讓自己覺察到，即便自己很容易分心，專心的程度還是會影響工作效率。

❷ **解方** 先從控制外在因素著手，去感受在不同外在因素下，自己的專心程度有怎麼樣的變化，從中發掘比較能夠讓自己專注的情境。

規劃

牛肉麵
30年老店
本日公休
什麼？
這間牛肉麵
今天休息！
公休
這間冰店今天
居然也公休！
其實我本來就有規劃吃
麥XX，最近就很想念
它們的漢堡，哈哈...
甘安捏？
……

Lesson 13

寧願花時間多想，也不要貿然行事

一九四〇年代，有一位荷蘭的心理學家阿德里安・德赫羅特（Adrian de Groot）非常喜歡下西洋棋，但是他發現他越來越無法打敗有天分的棋手。因為覺得有點不甘心，他針對西洋棋的棋手進行了一連串的研究。其中有一個研究結果發現，有經驗的棋手會花比較多的時間，來規劃以及盤算自己的下一步。當然，規劃不只是這些棋手會贏棋的唯一原因，他們對於整個棋局發展的記憶表現也比較好，而這些都促成了他們會比較容易贏棋。

關於這一點，我也蠻有感的。因為我家有兩位小棋手，哥哥已經有一年半的下棋經驗，我完全不可能會贏他，他也不想要跟我下棋；弟弟則是剛學半年，我發現他有明顯的轉變，從一開始會瞻前不顧後，到現在每一步都會再三端詳，真的是有蠻大的差異。我和弟弟對戰的結果，也從隨便下都可以贏棋，到現在很認真下，都有可能會輸棋。

沒有先規劃，就貿然行事，就是一個典型的錯誤：自以為省下規劃的時間，殊不知會浪費更多時間來處理不該犯的錯誤。幾年前我帶家人去大阪旅行，我們第一次選擇住Airbnb，當時我自負的以為，反正有住址，只要到時候導航一下就可以了。但我忽略了一件事情，就是輸入英文和日文的導航結果有出入，我們就一直在一個地方打轉，最後還是不得不向警察求救，然後也才第一次發現，日本的住址和地圖之間的對應關係。

有了那次經驗，我都會先花點時間研究路線，並稍微注意地址上的數字串，因為有這個數字串，才方便在地圖上找到相對應的位置。我不能說之後都沒有因為導航吃過虧，但每次的錯誤，都是下次規劃時，我會提醒自己的部分。像是有一次我想去福岡車站附近的麥當勞，導航一直告訴我已經到了，可是我環顧四周，就是看不到麥當勞。我開著車四處亂晃，導航就顯示我已經遠離目的地，大概過了十幾分鐘，我突發奇想往二樓看，看到麥當勞就在眼前。在那之後，我用導航就會注意地點是在哪一個樓層，而不會一時看不到自己要去的店家，就覺得導航出錯了。

用沙盤推演來降低不必要的缺失

雖然事前規劃會耗費一些時間，但有經過這個程序，就可以降低一些低級的錯誤。我曾經參加一個大型的學術研討會，當天到了報到處，看到很多人，我不太確定自己要到哪一個地方報到。直到站到隊伍前方，我才發現原來是有分不同的報到區，只是告示牌被人龍擋住了。那時候我就在想，如果主辦單位有預想大家報到的狀況，或許就該把告示牌換個地方擺，而不是放在報到處的桌上，因為這樣的告示牌太容易被遮住了。

如果你覺得用模擬的太虛假，那麼你就真的試著做一次。在試做的時候，最好把自己設定為對程序很陌生的人，這樣的試做才有意義，因為你會發掘比較多的問題。像是我的研究生如果要做實驗收資料之前，我會要求他們一定要自己試著做一次，最好也找其他的研究生試做一次，確認實驗程式沒有問題。

而且這樣還不夠，我還會要求他們也要試著分析結果，確認程式是沒有問題的。因為就曾經有研究生，以為自己的實驗程式沒問題，資料也都蒐集完成，要準備分析的時候才發現，關鍵的數據完全沒有記錄到。

你也可以**設置各種狀況題，問問自己，如果發生了怎樣的事情，你會怎麼處理。**比方說你要幫同事買咖啡時，如果有先詢問他，假設星巴克太多人，可以接受路易莎的咖啡嗎？或是如果某款咖啡已經賣完，有什麼替代方案嗎？這樣就可以避免一些期望落空的狀況。

或是像在疫情期間，由於有很多不確定的因子，不論是規劃旅行或是聚會，都要有替代方案。我的做法是選那種可以無條件取消的住宿、交通方案，這樣在有顧慮時就能隨時取消，而不會受限於沒有政府配套的限制。另外，在接洽演講活動時，我也會先詢問對方，如果沒有辦法現場舉辦，會選擇線上或是改期。

最後，我要特別提醒大家一件事情，就是**在規劃的時候，你要很確定做了某個動作，會有怎麼樣的後果，否則規劃也沒有意義。**我們往往對自己的規劃過於自信，明知有些事情具有不確定性，也會很樂觀的認為那些機率極小的事情不會發生。如果有些事情存在不確定因素，你在規劃時也要把這個不確定性考慮進去。就拿搭乘大眾運輸為例子，如果你是搭乘臺鐵，就要有心理準備，火車有可能會誤點。為了避免誤點延誤你的行程，你可能要預留一些緩衝時間，或是事先規劃替代的交通方式。

讓你的大腦熟悉整個流程

如果你還是沒有被說服，我要告訴你，當你的大腦在規劃、模擬一個活動時，所涉及的腦部區域，和你真正在進行這個活動時是高度相似的。事實上，多數的時候，我們是透過請參與者觀看別人進行那個活動的影片，或是想像自己在進行那個活動的樣子，來了解在進行那個活動的時候，有哪些腦部區域比較活躍。

比如有研究就發現，如果讓音樂家去想像自己演奏的過程，對於他們後續的表現有明顯幫助。他們發現這和大腦的預測機制有密切的關聯性，在這個腦部區域越活躍的音樂家，想像對他們的幫助越大。也有針對護理師的培訓研究發現，如果在觀看醫療訓練影片之後，再接受心智預演的引導，他們之後進行那個醫療服務的時候，不僅會比較快完成，犯下的錯誤也較少。

只要讓大腦有練習，即使你不是完全清醒，也會對於你事後的表現有所助益。有研究者利用參與者在進入清醒夢（lucid dream）的時候，讓他們去做丟銅板的訓練，事後發現，相較於沒有在清醒夢階段做訓練的參與者，這些人的表現是比較好的。說穿了，關鍵就是要讓大腦能夠做更好的預測，而**透過規劃或是預演等方式，都可以協助大腦做更好的預測，事後當你真正在做那件事情的時候，表現就會比較好。**

想太多或想太少都不好

有句話說「坐而言，不如起而行」，意思是不要想太多，做就對了。表面上和我在談的做規劃是悖離的觀念，但實際上兩者並不是對立關係。我在談的規劃，是針對那些你已經決定要做的事情，而不是那些你還沒有決定要不要做的事情。而那些鼓勵大家不要想太多，做了就對的，針對的是你還沒有決定要做的事情。

如果要做一件事情，有很多種不同的做法，我鼓勵你可以就不同的做法進行沙盤推演，然後選出最適合自己的做法。在這個過程中，即使你最終只選擇了其中一個做法，透過模擬的過程，你也可能發現，可以怎麼結合不同的做法，在最終採取一個更新後的版本。

不過，我知道有些朋友，明明已經決定要做某件事情了，卻還是裹足不前。比方說覺得自己對某個人有意思，想要跟她交往，可是猶豫了很久，最後只能眼睜睜看著她成為別人的女朋友。如果你是這樣的人，我要由衷地建議你，就去**試試看，如果你不去做嘗試，一切就只是你的空想**。很多時候，事情的發展可能不如預期，甚至和你想的天差地遠。但是，如果你都沒有實際去做過，那麼你永遠都不知道結果會是怎麼樣。

為什麼你不想先做規劃？

（解方→P164）

第一、**你覺得環境變動太快，規劃了也等於沒規劃**。經歷疫情的洗禮，確實很容易會讓人有一種規劃了也沒用的感覺。但是，凡走過必留下痕跡，你這次沒用上的，或許未來也有機會派上用場。

第二、把事情做好都來不及了，哪來規劃的時間。這個狀況確實是很多現代人的問題，因為總是趕在死線之前才完成事情，所以會覺得自己沒有時間去做規劃。

心理學小科普

「預測的機制」

人無時無刻都在做預測，只是我們不一定有意識到自己在做這樣的事情。預測本質上是好的，因為預測能夠幫助我們提前做準備，對於預期中的事情，能夠有更好的處理。就像我如果對一張音樂專輯很熟悉，一首曲目播完，腦海中就會浮現下一首曲目的曲調。這樣的預測，或許對生活不是有直接的影響，但有些預測就可能會有巨大的影響。比方說，如果你在閱讀文件時，很直覺的認為接下來的字句會是怎樣，而沒有仔細閱讀，那麼你可有能就會不發現這句子劃線處有錯誤。另外，如果事情的進展與你的預期不符，大腦是會察覺，只是你不一定會有所作為。所以，如果你在做一件每天例行都會做的事情，然後自己感覺有一點怪怪的，記得要停下腳步，檢視一下，是不是有什麼環節異常。

Lesson 14

一定要預留犯錯的空間

我很喜歡看「廚神當道」（Master Chef）這個節目，在眾多版本中，我最喜歡澳洲版，因為氣氛最好。比賽過程中，有些參賽者在準備料理時會多做幾份，或者預留一些食材；有些參賽者則是企圖心遠大，每一分每一秒都不能有閃失，否則料理就無法端給評審品嘗了。

這麼多年看下來，我發現那些有預做準備的參賽者，通常比較能夠留到最後的階段。畢竟有時他們要照著大師的食譜來做料理，當你第一次做一個不熟悉的料理時，光只是看食譜，裡面還有很多眉角沒有交代，難免會出錯。如果你有多準備材料，就可以在出錯的時候，馬上用預備的材料繼續烹調，而不用停下來重新準備。

我自己做事情也都會預留一些空間。比方說，我通常會把死線定在真正死線的前幾天，如果遇到有什麼突發狀況，也都還有時間去做調整。如果是和別人合作，我也會想辦法多做一點，以免合作夥伴沒辦法配合的時候，會讓整個計畫停滯不前。不諱言，會有這樣的做法，都要感謝學生們的訓練，讓我必須常常接變化球，接久了，就會預先演練，讓變化球變成是一種可預測的球路。

沒有人故意要犯錯，但你要有準備

如果你去問犯錯的人，應該沒有人會跟你說，他是故意犯錯的。但不管是不是故意犯錯，只要犯了錯，就會對你以及其他人造成影響。若你可以預先做一些事情，避免自己犯錯，或是規劃一些配套的方案，都能夠降低犯錯對你的影響。

像之前為了要做線上直播講座，主辦單位就提醒我，除了用電腦登入之外，也要用手機登入，以免電腦斷訊時，講座會被中斷。這就是一種針對可能的突發狀況，預先做的準備措施。

有一次線上的活動，我一直無法設定我最想要使用的麥克風，還好事前有想好配套，所以在活動正式開始前，我就用了我的折衷方案來因應。雖然事後覺得很遺憾，但至少活動順利進行，除了我之外，大概也沒有太多人察覺麥克風的差異性。

有時候我已經預先知道，自己在哪個環節會比較容易出錯，我就會特別做一些提醒，避免自己犯錯。比方說在講課時，有類似概念是我有時候也會搞混的，我就會用便利貼輔助，降低我犯錯的可能。或是自己習慣的操作模式，突然需要改變，我也會刻意用一些方式阻礙自己習慣化的動作，以避免在無意間犯錯。這有點像大家在大眾運輸上看到的緊急按鈕，為了避免民眾誤按，通常會加上一個罩子，必須要刻意打開罩子，才有辦法按下按鈕。

但就算你再怎麼細心規劃，一定都會有一些狀況是你沒有預想到的，所以最好的方法就是**幫自己預留一些時間與資源，以確保在遇上突發狀況時，有辦法臨時應變**。像我現在演講的簡報，通常是用線上方式播放，但我還是會儲存一個版本在隨身碟，就是怕如果一時沒辦法連上網，還有一個版本可以使用。曾經有一次，場地的投影設備壞了，還好我的簡報放在雲端，而且事先有設定好短網址，所以當下就請聽眾自己用手機看簡報，也算是因為有事先規劃而避開災難。

就算你已經預先有做規劃，你也不該很不理性的認為，自己有所準備了，所以一定會成功。**預先做準備，只是幫你創造一個緩衝區，讓你有機會在事情出錯的時候，做一些彌補，讓自己不要真的失敗。**雖然客觀指標會讓你覺得自己失敗了，但面對這種有準備的失敗，你還是可以很驕傲的告訴自己：如果我沒有做準備，下場肯定會比現在更慘！

超前部署，將錯就錯

前面提到，我鼓勵大家在做規劃時要準備好替代方案。雖然很多時候，這些替代方案之所以為替代方案，就是因為它可能是比較不理想，或是成本比較高的做法。但是，我覺得**有時候用替代方案來做個預演，其實也不錯，你有可能會發現，這個方法也蠻好的。**

之前有個線上教學的活動，本來我最想要的做法，是在上課的時候，同步分享自己的螢幕。但是主辦方擔心會有閃失，建議我把簡報交給他們上傳到系統，然後他們分享遠端的控制權給我，那麼我就可以在遠端控制簡報。於是，我就用了這個替代方案來進行線上教學，意外發現一個好處，就是用這樣的方式播放影片，不僅會比較順暢，也不用擔心觀眾聽不到影片中的聲音。

從我自身的經驗，有時候用替代方案，對自己是好處大於壞處。首先，替代方案可能會讓你嘗試用不同的角度思考，或者有可能會激發你的思考，你會對做事情的方式有所啟發。再者，利用替代方案，會讓你更清楚意識到，原本方案的優點以及缺點，使你有機會截長補短，幫自己規劃一個更好的做法。

用替代方案還有一個最重要的好處，就是幫助你檢視它是不是真的可行。很多時候，我們會規劃一些看似可行的替代方案，但實際上根本沒有驗證過，只是滿心期盼千萬不要用到這個方案。這種苟且的心態，在我們的社會頗為盛行，不然安全門不會上鎖，或是沒有照規定關上。

如果用替代方案時出了狀況，也沒關係，你仍然可以用原本想用的方法做事情。所以，偶爾換個方式來做事情，對自己還是有好處的。

犯錯並不可怕，可怕的是你沒想過自己會犯錯

我們很習慣只去想怎麼樣才會成功，可是**預想怎麼樣會因為犯錯而失敗，跟預想怎麼樣成功，其實是同樣重要**。因為如果你有預想自己在哪些部分可能會犯錯，你就可以多做一些準備，避免自己失敗。而且，如果已經想過失敗的可能，那麼在真正失敗的時候，你也不會太手足無措，不知道下一步該怎麼走。

有一些能力好且表現穩定的人，從來沒想過自己哪天會遇上滑鐵盧，結果一有突發狀況，完全沒辦法反應，輸得很慘。這就是因為他們從來不覺得自己可能會失敗，沒有想過在事情發展不如預期時，自己可以做什麼樣的調整。

芝加哥大學社會學教授詹姆斯・艾文斯（James Evans）和團隊曾經做過一個研究，他們分析了學界、新創公司以及恐怖組織在執行業務的成功率。在學界的部分，他們分析這些學者申請研究經費的成功率；在新創公司的部分，他們分析了融資成功的機率；在恐怖組織的部分，他們分析了恐怖活動的成功率。

在這些看起來差異性很大的群體中，他們有個共通的發現：**你最終是否會成功，跟你的努力沒有直接的關係，而是跟你怎麼面對失敗最有關聯性**。如果你可以從失敗中去做出改變，而且是有意義的改變，那麼你就比較有機會迎向成功。艾文斯教授甚至認為，**失敗是成功的必要元素！**

如果你一直都很順利，表面上你會覺得這樣挺好的，但實際上你正處在一個危機四伏的情境中。因為你的順利，有可能是一連串的巧合，並非因為你的做法而讓你成功。所以，**不要害怕犯錯、失敗，只要先幫自己儲備一些時間、資源，讓你還有機會彌補就好了**。

其實，如果你可以承受失敗的壓力，我覺得你應該試著體驗失敗。在失敗的經驗中，你或許會有一些意想不到的啟發。

為什麼你不預留犯錯的空間？ 〔解方→P164〕

第一、你沒有辦法考慮這麼周全。當沒有足夠時間、資源做準備的時候，我們確實很難做到全盤考慮，通常只會考慮要達成特定目標，自己有哪些需要做的事情。

第二、你覺得不可能會出錯。這種趨吉避凶的心態，是人類在決策判斷上一個很嚴重的偏誤，也確實很難改變。或許你已經做過這件事情很多次了，不代表你下一次用同樣的做法，就一定會成功。因為外在的環境一直在變動，你的狀態也是浮動的，這些都會影響你最終是否會成功。

心理學小科普

「失敗的好處」

美國芝加哥大學的阿耶萊特．費什巴赫（Ayelet Fishbach）教授和研究員，曾經做過一系列的實驗，他們讓參與者針對很多問題做二擇一的選擇，之後會告知他們答對或是答錯。他們發現，事後參與者對於自己答錯的題目，再問還是會答錯，也就是說，他們並沒有從失敗中學習，失敗沒有為他們帶來好處。可是，如果參與者不是自己回答問題，而是看另一個人回答問題，並且得知那個人答對或答錯，因為不涉及自尊心的議題，所以人們會記取教訓，之後再遇上同樣的問題，就會回答正確的答案。基於這樣的結果，他們認為因為失敗會影響自尊心，而過度看重自尊心，會讓你無法從失敗中學習。所以，要享受經歷失敗的好處，你一定要記得放下自己的自尊心，否則失敗恐怕對你不會有任何好處，而這就是最大的失敗了。不過大家要注意的是，這項研究中的失敗，對個人並不是直接有關的，只是知道自己對一個問題的回答是否正確，背後運作的機制，可能也不太一樣。

割捨 熱情 專注 規劃 固執 謙卑 佛系

Lesson 15

用最少的資源，做最多的事情

如果你是一個沒有房貸壓力的上班族，我大膽猜測你沒有記帳的習慣，反正錢應該都夠用；但是如果你有揹著房貸，我想你應該會比較認真管理自己的花費，因為不小心就可能繳不出房貸了。

通常在資源充沛的時候，我們會比較傾向不做規劃；但在資源匱乏的時候，我們有比較高的機率會對每一筆資源錙銖必較，也就是說你會比較認真去做規劃。

回想我在英國念書的日子，一開始真的是很認真記帳，因為當地物價比較貴，會覺得自己實在太奢侈了。不過，後來拿到獎學金，而且有在系上打工的收入，買東西開始變得稍微闊氣一點，也比較不會在意自己在哪邊多花了一點錢，就在別的地方要做調整。

但其實不管你握有的資源是多還是少，若你可以妥善規劃，都可以讓自己擁有的資源發揮最大的效益。就像一些網紅，可能是一個人包辦所有拍片工作，但他們的作品，不一定會比多人團隊的遜色。關鍵就在於，你怎麼運用你握有的優勢，並且如何去做取捨。

像在美國，由於教科書非常昂貴，有些學生就會去買二手書，或是短期租用亞馬遜的電子書，然後用這些省下來的錢，他們就可以拿來做別的事情。其實，不只是在金錢的使用上可以做規劃，在各個方面，你都應該思考，怎麼用最少的資源，來達到最大的效益。

我記得小時候，有一次住家要重新粉刷，當時爸媽就要我和弟弟一起加入油漆粉刷的行列。我那時候有點埋怨，一方面是我不想要做這件事情，另一方面我覺得實在沒有必要讓一個博士（我父親）和三個碩士（當年我只有碩士畢業）來做這件事情。因為我們的時間成本其實很高，而且我們自己粉刷的成果，絕對沒有專業的油漆師傅來得好。

不過，對長一輩的人來說，花出去的才是資源，時間沒有花掉這回事，所以凡事自己來就是最好的規劃。我也是花了很長一段時間溝通，才讓長輩們願意花錢請人幫忙做家務，畢竟上了年紀還自己打掃，就怕受傷了，得不償失。

慎選做法

用對的方法做事，真的可以省下很多的時間與資源，特別是當你有明確方向的時候，更應該要找到最合適的方法。

這幾年因為做知識推廣的關係，在做簡報的時候，圖片會多過於文字，而要怎麼找到適合又可以合法使用的圖片，就是一件不容易的事情了。本來我是用搜尋 Flickr 上的公開照片去找圖，後來發現裡面的照片雖然多，但是標籤不足，不太容易檢索。之後付費買圖庫，雖然品質不錯，但費用不菲，而且我常常會用不完。

在一次偶然的機會認識了「可畫」（Canva）這個平台，發現它裡面有很多可以使用的照片，還有各式各樣的平面設計版型可以套用。對我來說，這是個很大的轉變，就像是早期卡通人物卜派吃了菠菜罐頭一樣，能量瞬間大幅提升。現在不論是製作簡報，或是各種文宣品，我都是用可畫來製作，成果或許比專業設計的遜色一些，但以我投入的資源來計算，我覺得非常超值。

所以，不管做任何事情，真的不要蠻幹，還以為自己很認真。現在有很多好用的工具，懂得善用它們，可能比起你認真工作，還能更快速完成任務。

比方說，我之前看到朋友分享一個利用人工智慧幫影片上字幕的工具，試用後令我非常驚豔。過去我大概要花十五分鐘，才能上完三分鐘YouTube影片的字幕，但是使用這個工具，只要把影片上傳，大概幾分鐘就能夠下載字幕檔，再把字幕檔上傳，並且稍作修正就完成了。

你可以問有經驗的朋友，或是網路搜尋一下，看看是不是有比較好的做法。如果你要做的事情，是比較制式性的，那你還真的該思考一下，是不是可以用寫程式的方式來解決。你不一定要自己會寫程式，可以花點小錢，讓別人幫你把程式寫好，就能省下很多時間。

總之，真的不要以為自己時間多，就老用自己習慣的做法來做事情。如果可以花五分鐘，把之前需要一小時才能完成的事情做完，為什麼不試試看呢？省下來的五十五分鐘，就算你都拿去放空，也比較值得。

思考怎麼發揮最大的效益

前一節談的是怎麼善用工具來幫助你完成事情，在這一節我要帶大家思考一件殘酷的事情，就是**不是所有的努力，對你都會有同等程度的影響。**雖然有點取巧，但是你真的要多做那些高CP值的事情，而不要盡是做一些低CP值的事情。我不是鼓勵大家去拍主管馬屁，或是只挑一些容易做的事情來做，而是你要知道自己的時間有限，如果要讓業績達標，就必須做一些取捨。

我當年在準備研究所考試的時候，就先做了一些評估，因為我發現心理學方法這門考科，準備起來非常耗時，但考生平均分數不高。當時，我就放棄從頭開始準備這個科目，只把考古題搞懂，而把時間花在其他科目的準備上。從考試結果來看，這樣的策略對於一個大學不是念心理系的學生是很成功的，因為我心理學方法的分數只是略低於均值，但其他兩個考科的分數都還蠻不錯，也就順利考取臺大心理所。

不僅在工作上如此，談戀愛也是一樣，如果你總覺得自己付出很多，可是你給的，卻不是對方要的，這段感情也不會持續太久。比方說你的女朋友不喜歡名牌包，那麼你花很多錢買名牌包的效果，可能還不如帶她去旅行有用。

當一件事情的成效是加總評估，而不是分項目評估的時候，多做效益高的事情，對你來說才是最有利的。但如果是分項評估，你就該先考慮怎麼讓自己在每個分項都能夠過關，再思考如何在最擅長的分項多投入一些資源，以創造最佳的成效。

不過我要提醒大家，**盡量從你自己的觀點來評估什麼是最大的效益，因為每個人看重的點不同，你如果不是以自己的觀點來做評估，很容易會陷入自我懷疑的困境。**如果你的最大效益，和別人的期待是一致的，那很好。但當兩者不一致的時候，你就要做一些選擇了，究竟是要留在哪個崗位，還是應該換一個工作。

整合資源很重要

前面我比較從個人的觀點來討論資源的規劃，但是在現實社會中，很少有人一直是單槍匹馬。那麼，怎麼樣做資源的整合就是很重要的事了，現在很多商會的存在，就是在做這件事情。

我周遭朋友就有很成功的經驗，因為在商會中，大家會做資源串聯與共享，所以會發生很多的可能性。比方說，有人是代理生鮮的，有的人是經營餐廳或是加工料理，就可以串聯起來打造多贏的局面。

我雖然不在企業界，不過學界也有類似的做法，像是整合型研究，就是鼓勵不同領域的學者專家可以凝聚力量，一起做一點什麼。多年前，我就和醫學系、社工系的老師們合作，在泰山的老人社區關懷據點做研究。這是一個蠻好的經驗，因為如果沒有醫學系的參與，我們就沒辦法提供專業的神經心理篩檢；沒有社工系的加入，我們大概連進入社區的機會都沒有。

身為老師，我們最容易整合的資源，倒不是不同專長的老師，而是我們的學生。即使都是心理系的學生，大家也都有各自不同的專長，常讓我非常讚嘆。多年前，我開始經營與銀髮心理相關的臉書粉專，當時就仰賴很多學生的幫忙。有一年，我們還玩挺大的，自己籌資舉辦了一場研討會，包括海報設計、前導影片，還有洽談一部紀錄片的播放版權等，全都是我和學生一手包辦。如果沒有整合大家的專長，這場活動應該是辦不起來的。

為什麼你老是事倍功半？

〔解方→P164〕

第一、你不願冒險嘗試。有些人因為習慣用某些方式做事情，就錯誤的覺得用自己習慣的方式，一定比轉換成新的方式省力。在少數特殊狀況下，短期間確實如此，但以長遠來看，用低效率的方法，絕對是弊大於利。

第二、你搞不清楚目標是什麼。有些人只會瞎忙，覺得自己很忙，就一定能有好的績效。但努力並不是好績效的唯一要素，要用對的方法，朝向對的方向前進，才是有效的。

心理學小科普

「不理性的成本分析」

人們對於成本分析非常不在行，我們往往不能理性的評估付出及獲得，常常會低估自己的付出，而高估了自己可能的獲得。如果付出和獲得不是即時的，就更加複雜了。以打疫苗為例，短期可能會讓你感覺身體不適（付出），但長期會讓你對某項疾病有免疫力（獲得好處），那到底該不該打疫苗呢？有研究結果發現，當不做一件事情會有長期嚴重的負面影響時，引導參與者去思考長期的代價，會讓他們願意在短期內有所付出，以避免自己未來必須承受負面的影響。比方說你讓參與者意識到，如果他持續抽菸，以後年紀大了，身體各種功能都會嚴重退化，那麼他們會有比較高的意願想要戒菸。但是，如果不做一件事情的長期影響沒有那麼嚴重，引導他們去思考未來，並不會影響他們短期內付出的意願。

Lesson 16 規劃的確定與不確定

幾年前，我原本答應要去參加一個在日本舉辦的學術活動，但後來因為一些突發狀況，以至於我不得不取消這趟行程。當時引起日方不小的風波，覺得怎麼一年前答應要參加的事情，卻在兩個月前反悔呢？

相較於日本人凡事都提早規劃，在大陸的活動安排又是另一個極端，充滿了各種的不確定性。我曾經接受TedxKids@Xueyuanlu的邀請去大陸演講，而這個活動不僅歷經地點的改變，連時間都改過。本來我還盤算可以藉機帶家人去一趟上海，結果後來演講活動和我規劃的家庭旅行時間錯開了，我在一個月內拜訪了上海兩次。

雖然和大陸合作方互動的經驗，讓我知道通常會有不少變動，但這種機票都已經訂好，又要改的變動，還真是第一次碰到。一開始我有點不適應這種變來變去的規劃，但過去的經驗提醒我，要隨時保持變動的彈性，因為你永遠不知道會不會發生什麼樣的意外。

以這個活動為例子，雖然日期是個不確定的因子，但是演講的主題很早就確認，也是我自己可以提早準備好的。所以雖然改期造成一些不便，但演講內容已經提早準備好，對我的影響並不大。

不過，二〇二一年開學之際的混亂，倒是讓人很困擾。因為大學延後兩週開學，正式開學之後，學校先是公告要求老師要分流上課，結果過了幾天，又公告可以照常上課。整個過程令老師們很困擾，因為要安排不同的座位，以及不同的課堂活動；而同學們也覺得很苦惱，因為有些分流的制度不一致，以至於可能早上被分配在線上上課，下午的課則被分配要到教室上課。

搞清楚各個環節的可控程度

面對生活中的大小事，你在做規劃的時候，也需要考慮每個環節的可控程度。針對那些可控程度高的事情，你可以制定一個比較嚴謹的進度；而針對那些可控程度低的事情，你在進度的制訂上，需要保留多一點的彈性，以避免受到突發狀況的衝擊。如果可以的話，我會建議針對可控程度高的事情，你要盡可能壓縮進度，才有比較多資源去處理那些可控程度低的事情。

基本上，**只要一件事情，不是你用固定的方法，可以在自己預定的時間內完成，就不能算是可控程度高的事情。**會用這個嚴苛的標準，是因為如果你做一件事情，有需要別的人或是設備的配合，就存在一些不確定性。舉例來說，即便是機器，也有可能會出錯，與其盲目的期待機器不會出錯，也要把需要機器配合的環節，視為是可控程度低的。

不過大家其實也不用那麼悲觀，因為**即便是可控程度低的環節，也可以透過事前的演練，來提升可控的程度。**比方說，你可以針對機器多做測試，知道會有哪些可能的狀況，以及成功的機率大概是多少，這樣你自己心裡就會有個底，可控的程度也就跟著提升了。

像我在家裡面要用聲控設備來播放音樂，有時候設備會短路，不管你是叫「ok google」，或是「hey google」，設備就是不動作。但我有個大絕招，就是用手機的App

去設定，在設備上播放音樂。由於有這些事前的各種沙盤推演，可控程度低的事情，也可以轉變為是可控的。

舉這個例子也是要提醒大家，不要總覺得很多事情不是操之在己，都是你要去配合別人。如果你針對各種可能性都做好事先的規劃，那麼這些看起來可控性低的，也就變成是可控性高的事情了。事實上，我認為只有很少的事情，是你完全沒有辦法掌握的，只是你因為一些原因，選擇不去控制它。

你該冒險嗎？

前面我提到，我們在做事情的時候，要提升自己可以控制的程度。雖然這樣能夠讓你比較順利達成事前設定的目標，但某種程度也侷限了你的可能性。如果你正巧站在人生的十字路口，在決定要平穩過日子，還是要冒險一下，那麼你做哪種事情，就會決定你會往哪邊走。

我不否認自己曾經有過想要出走的念頭，因為有時會覺得在大學教書有點疲憊，有太多的瑣事，又會遇上一些求學動機低落的學生。相較於在校園外的聽眾，學校內的學生真的動機比較差，會帶給你的感動也比較少。但是，一想到要跨出校園這樣的舒適圈，又讓人卻步了。

我現在可以說是走在一個灰色地帶，有一部分的我，走在可控性很高的路上；另一部分的我，走在可控性低的路上。這樣的做法已經好一陣子了，我也還沒梳理清楚，到底要不要放手一搏。但我很慶幸自己沒有只走可控性高的路，否則就不會經歷那麼多有趣的事情了。

雖然跟其他的大學教授相比，我算是走一條不確定性比較高的路，但如果把我放在整個社會的常模中來看待，我應該還是會被歸類在求穩定的類型。我承認自己是一個很想要控制生活節奏的人，所以我的規劃多是以可控性高的為主。如果是不確定性太高的事情，在沒有足夠誘因的狀況下，我基本上不太會參與。

如果你跟我一樣，是偏穩定型的人，我鼓勵你可以在生活中加入百分之二十可控性低的事情。針對這些事情，你可以不要抱持什麼特定的期待，只要你是往對的方向去走，自然會有一些好事情發生。以我自己為例子，我從進入輔大的第二年左右，就抽空寫心理學科普的文章，那時候除了希望讓學生看之外，也沒有期待會發生怎麼樣的事情。但因為有這個部落格，開啟了我人生很大的轉變，也才會有出版育兒書的機會，以及後續很多有意思的事情。

所以，**如果你不希望一睜開眼，就看到你人生的終點，但又不想要失控，可以試著在生活中加入部分不可控因子。**就像有些上班族，要嘗試轉職之前，會先用接案的方式，來試看看這條路是否可行。比起貿然轉換職業，面對完全不可控的環境，這是比較恰當的做法。雖然這些嘗試，或許伴隨著很多的被拒絕、被否定，但是都讓你有可能為自己開創新局。

每個人都有自己的步調與選擇

延續前面的討論，大家應該會發現，你到底能成就什麼，又需要多少時間成就什麼，其實充滿著各種可能性。如果你對於自己要成就東西，有很明確的想像，那麼你若走一條可控性高的路，會比較順利達成目的。相對的，如果你對於要成就什麼，沒有很篤定，你就有可能會花比較多的時間，甚至多轉了幾個彎，才會發現自己要的是什麼。

就像在選擇科系和工作的時候，有些人是早早就照表操課，希望自己可以進入特定的科系，或是特定企業的特定職務。但你說他們到達自己設定的目的地時，他們就會比較滿意自己的狀態嗎？那可不一定。因為有時候那些我們設定的目的地，不一定是適合自己的。

像我在高中要升大學之際，就在生命科學和心理學之間遊走，後來因為考試的分數比較高，就選了門檻比較高的生命科學系。但是，最後終究還是轉回到心理學，而且發現心理學才是我想要學習的領域範疇。

在大學時期，因為參加社團的關係，認識了一位放射治療系的朋友，她在畢業之後做了幾年放射治療師，後來選擇繼續出國深造，並且轉換到自己很有熱情的舞蹈治療領域。雖然花了比預期還要長的時間，臺灣也還沒有成熟的舞蹈治療環境，不過她持續在這條路上努力。在疫情最嚴重的時候，她幾乎沒有舞蹈治療的個案，差點就回去當放射治療師了。還好她終究沒有放棄追逐舞蹈治療這條路，目前她是臺灣舞蹈治療研究協會的理事長，也積極在推動把舞蹈治療納入健保體系。

所以，你只要知道自己做的規劃，會大概迎向怎麼樣的發展，那麼就夠了。然後記得，就算是再篤定的規劃，也都可能會有一些出乎意料的發展。若出現不如預期的發展時，也不要太懊悔，稍微停下腳步，想好了再出發。

為什麼你的規劃老是走鐘？

〔解方→P164〕

第一、你的規劃變數太多。有些人之所以不做規劃，是因為他們覺得自己有做規劃和沒做規劃，根本差不了多少。但這其實是一種迷思，我認為是因為你的規劃本身就充滿很多不確定性，所以發生不如預期的機率，本來就會比較高。

第二、你搞錯方向。有些人可能設定了一個目標，但是他們做的規劃，其實和自己設定的目標並不一致。也就是說，就算你完全照著你的規劃走，也不會達到你之前設定的目標。

心理學小科普

「不確定性的影響」

在決策判斷的領域，有一個名詞叫風險趨避（risk aversion），意指人們為了避免不確定性帶來的風險，會選擇一個比較低報酬的選項。就像不少人選擇把錢放在銀行定存，也不願意把錢拿去投資在股票市場。即便是投資股票，也有不少人是透過投資指數股票型基金（Exchange Traded Fund, ETF），來避免因為單一支股票波動，帶來的不確定性。而在面對同樣的損失時，呈現的方式，也會影響我們的選擇。比方說，如果醫師告訴你，「過去進行這類的手術，有十分之一的失敗率」，就會比起醫師告訴你，「過去進行這類的手術，一百個當中有十個失敗」，你答應的機率會高一些。這背後的原因，是因為後者的說法讓人感受到明確損失，前者則沒有那麼明確。你沒有必要說服自己接受不確定性高的選項，但你要知道自己在做決策判斷的時候，會受到不確定性等因素的影響。有這樣的覺察，可以讓你做出更恰當的決定。

FOR YOU
反。思。解。方。箋

Q13「為什麼你不想先做規劃？」

❶ **解方** 環境雖然持續在變，但有一些核心的元素變動比較小，你可以練習從規劃這些事情著手，讓你自己看到事先規劃其實還是有用的。

❷ **解方** 在規劃行程的時候，也把規劃所需要的時間放進去考慮，時間不一定要長，但有先做一些盤點，對自己都會有好處。

Q14「為什麼你不預留犯錯的空間？」

❶ **解方** 就算時間有限，也幫自己設定一些狀況題，問自己，如果這個環節出錯，你有什麼樣的因應方案。如果你想不到因應方案，那也沒關係，你就想想怎麼收拾殘局。

❷ **解方** 刻意改變某個環節，然後用同樣做法來體驗失敗的經驗。透過失敗的經驗，提醒自己，就算是再熟悉的做法，都還是有可能會出錯。

Q15「為什麼你老是事倍功半？」

❶ **解方** 在比較沒有壓力時，抱持試試看的心情，換個方式做事情，或許就會讓你改觀。

❷ **解方** 先確立自己想要達成的目標，以及有哪些方式可以達成這個目標，選擇能夠最容易達成目標的方式來進行。

Q16「為什麼你的規劃老是走鐘？」

❶ **解方** 在規劃的時候，也檢視一下，每個環節有哪些是可控性高的，哪些又是可控性低的。

❷ **解方** 參考一些成功案例，確認自己規劃的方向，真的可以幫助自己達成心目中的目標。

固執

很多人都說我固執，
但我並不這麼覺得。
喔？
怎麼說呢？
上次我碰到一個問題，
別人跟我說那樣做可以
解決，但是我堅持用自己
的方法成功解決。
他說我很固執，
但我卻認為這叫堅持！
萬一沒有成功
失敗了呢？
這就叫固執吧！

Lesson 17

固定作息的重要性

不知道是大學時代過得太荒唐，還是年紀大了，我在念碩士班的時候，作息非常規律，大概都是接近九點到研究室，然後六點左右回家。碩士班的同學看我居然把研究生生涯，搞得像公務員一樣，都覺得有點不可思議。

有同學問我，「沒有想過要自在一點嗎？」坦白說，我覺得這個提議有點好笑，因為對我來說，堅持固定的作息，會讓人有一種安定的力量，而心理安定了，做起事來自然會比較有效率。既然固定的作息，可以為我帶來好處，為什麼我要捨棄這樣的生活型態呢？

不過，其實仔細回想，我並不是到了研究所，才有固定作息的傾向。我應該是從小就有這種固定作息的傾向：記得小學一年級的時候，我有點強迫症，總覺得自己一定要在晚上八點就寢，否則隔天就會遲到。有幾次和家人外出，沒有辦法準時上床，我當時還鬧了情緒。在大學時期，可能是因為生活中充滿太多的渾沌，而且很多是超出我能力可以掌握的，所以就無法讓固定作息落實在我的生活中。

當上奶爸之後，固定作息再次面臨挑戰，尤其是在小孩剛出生那一陣子，因為小嬰兒的作息，還真的不是我們可以輕易掌握的。但扣掉那段時間之外，我基本上是一個作息很規律的人，每天晚上大約十點就寢，早上約五點起床，六點到健身房報到，七點左右回家招呼孩子吃早餐，之後就前往辦公室。只要沒有特別的外務，我上班時間都會出現在辦公室，搞得跟必須要待在辦公室的職員一樣。

我對於什麼時間做什麼事情的堅持，目前還停留在起床、睡覺的固定作息，至於其他部分還不至於有所堅持。雖然我知道，在固定時間做固定的事情，對自己在做那件事情也有幫助，因為你會有時間帶來的情境線索。但是，我覺得這樣會讓自己行程的安排受到限制，缺乏彈性，不一定是利大於弊的做法。也有可能是我刻意抗拒這樣做，因為整天都是固定什麼時間做什麼事，實在有點變態，而且常常被汙名化，所以我在潛意識下抗拒著這樣的做法。

雖然我沒有很硬性認定，自己在什麼時候就一定要做什麼事情，但對於做事情先後順序，我倒也是有一些堅持。比方說，我會在做一件事情所需要的事物都備齊後，才開始做那件事情，因為我不喜歡做到一半，必須被迫等待的感覺。也因為有這樣的堅持，才可以更好地掌握自己的行程，不會受到一些不確定因素的影響。

雖然在所有事物備齊之前，你同樣需要等待，但在那個情況下，你是預先就已經知道要等待，而非事後被迫要等待，所以你是可以事先另做安排的。就像你選擇搭晚兩個小時的高鐵，就能夠多做兩個小時的事情；但如果是因為意外，而使高鐵延誤了兩個小時，你的心情就會受到影響，而且工作的條件通常也會比較差，所以是比較不利的。

大腦喜歡有規律的作息

固定作息之所以對人是有好處的，跟大腦運作的特性很有關係。美國東北大學的榮譽教授麗莎·費德曼·巴瑞特（Lisa Feldman Barrett）在《關於大腦的七又二分之一堂課》（*Seven and a Half Lessons About the Brain*）中提到，雖然很多時候，我們覺得大腦

＊隨機

1－3－2－4－2－3－3－4－3－2－1－2－3－4

＊有潛在規則

1－4－[3]－2－1－2－[3]－4－1－4－[3]－2－1－2

▲上方數列呈現方式是完全隨機的。下方的數列呈現方式，則是有一個規則，在 1 之後的第二個數字會是 3。即便這個規則有點不明顯，經過一段時間的練習之後，我們在看到下方的數列時，按鍵判斷的時間也會縮短。

是被動回應外在環境的刺激，但實際上大腦時時在做預測，而且是依據你過去的經驗來針對現狀做預測。如果你的作息是固定的，大腦就可以做出比較好的預測，比較不會走冤枉路，也就不會有資源的浪費。

大家或許不會有那麼強烈的感受，但是在實驗室中，心理學家屢屢發現，人們是可以從錯綜複雜的訊息中找出規則，並且因為這些規則而受惠。更厲害的是，你還不需要主觀上知道有這樣的規則，就可以因為大腦有找出這些規則而受惠。比方說，如果你被要求打下在螢幕上看到的數字，這些數字有可能是完全隨機呈現，也可能是照一個特定規則呈現。即便你沒有察覺到這個規則，你的行為也會因為這個規律性受惠，反應會比較快。所以，大家**千萬不要輕忽用固定方式做事情的魔力，你的大腦很喜歡這樣的模式，可以讓它做出更好的預測，再針對資源去做更好的規劃與安排。**

大腦對於時辰也是相當敏感，所以有些人習慣晚上工作，若突然調成早上工作，效率就會變差，即使經過充足的休息之後，依舊如此。也就是說，早起和有效率，不是有穩定的因果關係。你不一定要堅持當一個早起的人，只要是在你習慣的時辰做事情，就可以讓你發揮最高的效率。另外，更有證據顯示，大腦結構上的差異，是導致有些人習慣早起，有些人喜歡當夜貓子的原因。

如果你願意的話，可以試著控制自己工作和休息的規律性，例如工作三十分鐘，就休息五分鐘，讓大腦習慣工作多久之後，就可以休息。像是在學校工作久的人，很容易把自己的系統調整成：每工作五十分鐘，就休息十分鐘。雖然你工作的場合不一定有這樣的安排，但你可以自己做類似的規劃，也能夠透過適度的休息，讓大腦可以有最好的發揮。

固定作息，減少選擇障礙

固定作息有一個大家可能沒想到的優點，就是可以減少做選擇時所耗費的資源。你可能沒有想過，自己因為思考接下來要做什麼，而浪費了多少時間。但試想，如果你突發奇想要去某間餐廳用餐，沒有預先訂位，有可能因為需要等候，而浪費了一些時間。做事情也是一樣，**如果你已經知道接下來要做什麼，心理上可以預作準備，提早做好銜接，避免時間上的浪費。**

但我也必須承認，如果你做的事情一直都很固定，可能就不會有意外的發現。而且你總是做一樣的事情，長久下來，視野可能也會有所侷限。就像已故的蘋果公司CEO史帝夫．賈伯斯（Steve Jobs），還有現在Meta公司的CEO馬克．祖克柏（Mark Zuckerberg），長年都只穿同一個款式的衣服，雖然減少了麻煩，但他們可能也少了發現自己怎麼穿會更有型的機會。

倘若我相信星座對於天秤座的刻板印象，固定作息對於有選擇障礙的人來說，看起來是蠻不錯的解決方案。但我並不覺得自己的固定作息，和星座有什麼關係，而是自己節能行為的一個副產品。

就像我在瀏覽網頁的時候，通常也只會固定看一些網站，而不會漫無邊際的去做搜尋。這樣的做法或許不全面，但在這個訊息爆炸的年代，人們根本不可能一手掌握所有的訊息，與其讓自己接觸太多迴異的訊息，還不如從少數的訊息中，去梳理出一些道理。

有限制的，或許才是真正的自由

知名導演侯孝賢在電影《刺客聶隱娘》的專訪中談到，聶隱娘這個角色其實處處受到限制，像是她雖然被訓練成刺客，卻因為惻隱之心無法繼續殺人，而也正是有這樣的限制，讓侯孝賢想把這個故事拍成電影。他說：「有了限制，就自由了。」而我覺得把這個道理，套用在固定作息上也很恰當。

在旁人的眼中，我的固定作息看起來是有很多的限制，但是對我來說，由於有了固定的作息，我反而能夠從中找到一些自由度。比方說，如果哪天提早完成自己安排的行程，我就可以偷個閒，做一點別的事情。

不過，這樣的自由，和大家通常以為那種不受限制的自由，還是有一點不同。這裡所謂的自由，是指「在一定的範圍內，你所擁有的彈性」。就像物資匱乏的過去，人們反而有很多的創意發想，因為他們擁有的只有那麼多，若不發揮巧思，就沒辦法滿足自己的好奇心。

在研究上，我們發現人們在面對很多的選項時，反而沒有像選項少的時候，可以快速做決定。這顯示出：**當一切是沒有限制的時候，我們獲得的並不是自由，而是迷惘**。只是我們常誤以為，有越多選擇就越自由。

為什麼你鄙視有固定作息的人？

〔解方→P200〕

第一、你覺得他們是老古板。有固定作息的人，或許過著一成不變的生活，但是不代表他們的思考就比較僵硬。正因為有固定的作息，他們反而能夠有更多的資源，可以去做不同的嘗試。

第二、你覺得他們的人生被限制住了。這也是一個迷思，因為他們多數是主動決定要採取固定的作息，而不是被規定要這麼做。你看似彈性的作息，背後又有多少是你可以自己決定的呢？

心理學小科普

「晝夜節律（circadian cycle）與表現」

你可能不認為自己是一個作息固定的人，但相較於需要輪班工作的人來說，你的作息還是相對固定的，至少不是今晚九點上班到隔天凌晨五點，兩天後是早上九點上班到下午五點。研究顯示，需要輪班的人壓力會比較大，而且在應對方法上，也和不需要輪班的人不同。需要輪班的人壓力之所以會比較大，可能和人際互動有關聯性，因為你的作息和其他人不一樣，就比較難和朋友社交，進而對你產生負面的影響。有一個研究就發現，當夜貓子的作息被調前兩小時，由於比較貼近社會主流的作息，他們主觀的壓力及憂鬱狀態有明顯改善，而且反應力及生理指標也都有所改善。所以，你或許不一定要執著於早睡早起，只要能夠維持一個適合你的固定作息，對你來說就是好的作息。

Lesson 18

固執，你才能進行精準規劃

在我家老大念小學四年級之前，因為孩子跨區就學，我又要接送念輔仁大學附設幼兒園的老二，每次下班要接兩個孩子回家，就成了一個不小的挑戰。不過，在這三年的時光，我只有幾次必須請求家人緊急來接應老大，由於路況不佳，使我沒辦法在老大抵達會面地點前到達。

我之所以可以穩定的接送孩子上下學，跟我的善於規劃脫離不了關係，當然也是幾年來累積的路況資料庫，讓我知道當路程固定時，我要在什麼時間點離開辦公室，才能順利接到兩個孩子，不會讓他們枯等。

現在雖然不用接老大了，但兩個孩子放學直接回家，我就要盤算怎麼讓他們一回到家，就有熱騰騰的晚餐可以享用。比方說，早上出門前先把米洗好泡水，以免泡的時間不夠，米心煮不透，飯吃起來硬硬的。還有，比較耗時的料理，需要在前一晚先煮好，或是煮到一個段落，隔天只要快速加工就能完成。或許做的料理比較簡單，但我通常可以在半小時內，準備好三至四樣菜的晚餐。

對於我可以這樣精準掌握上菜速度，周遭的朋友們常會自嘆不如，然後問我是怎麼辦到的？我認真檢視了一下，才意識到我之所以可以做好的規劃，是因為我做的料理是類似的，對時間就能有比較好的掌握。也可以說因為我是活在舒適圈當中，都做自己比較有把握的事情，才會對自己行為有比較好的規劃。

若認真回想，我到底是什麼時候有這樣的行為模式？我覺得比較明顯的能力展現應該是在國中階段。那時候我花很多心力在學業上，不僅給自己安排預習、複習的時程，也會出考題考自己。現在回想當年的做法，還真是有一點變態，只能說有些事情是一種與生俱來的天性。

在學了認知心理學之後，我才發現，原來善於規劃這個特質，與執行功能這個能力有緊密關係。執行功能有點像是大腦的總管，負責規劃、統整，以及資源的分配。執行功能好的展現，除了規劃能力之外，還包含有好的抑制能力、做事情有彈性，以及有好的短期訊息保存和運算的能力。

由於執行功能被發現是很重要的心智能力，所以不少把提升心智能力當作訴求的訓練，也會把規劃執行功能的訓練視為重要的環節。比較直接相關的，像是東吳大學心理系汪曼穎教授開發的煮菜遊戲，對於執行功能就是很好的訓練，因為玩家要規劃什麼時候開始做菜，什麼時候擺碗盤，才能剛好讓大家一起用餐。

了解自己需要什麼，是規劃的精髓

當我們看到一個人把自己的生活規劃得很好，我們會直覺地認為他的規劃能力很好。我不否認有好的規劃能力是重要的，但**根本的原因是，這個人對於自己要什麼、不要什麼有很清楚的執念，也就是很固執**。以我自己為例，對於我喜歡做的事情，就算再忙，我也會想辦法排入行程；相對的，如果是我不喜歡做的事情，就算有空檔，也不會想要去做。

除了知道哪些是自己需要的，哪些是不需要的之外，針對需要的部分，若你能夠更細緻去做排序，就會更清楚怎麼安排自己的行程。一定是把最重要的事情排進去，然後才排入次要的任務；而當你的行程已經排滿，塞不進去任何東西，這時候你也需要做一些取捨。

就像我在安排旅遊行程的時候，一定會先鎖定我最想去的景點，然後依著地理上的相近位置以及喜好程度，決定後續要拜訪的景點。對於那些這次沒辦法去的景點，我也不會太沮喪，因為這樣就可以開始規劃下一次的旅程了。旅行是如此，生活中的其他規劃也是如此，**有一定的固執，你才能幫自己做好的規劃，當然其中也包含「無法履行」的規劃**。

如果只考慮你需要什麼，而沒有想過你不需要什麼，當有突發狀況的時候，可能會讓你的規劃變調。就像有些人去大賣場採購，只想過要買什麼，而沒有提醒自己不要什麼，就很容易邊逛邊買，最後買了一堆自己原本沒有規劃要購買的東西。

你也可以規劃一些彈性

想到做規劃，我們很容易會認為這樣做事情欠缺彈性。我覺得這是一個誤解，

對一個擅長規劃的人來說，絕對不會篤定一切都一帆風順，而會預先準備很多替代方案，就是為了確保能順利達成原本設定的目標。

像我每天睡覺前都會問小孩，隔天要幫他們準備什麼早餐，而且我一定會問兄弟倆，如果想要的東西買不到，可以幫他們另外準備什麼。由於有事先詢問，孩子幾乎每天看到自己早餐都很滿意，只有少數幾次，他們在我半夢半醒間交代我，我因為記錯而買了錯誤的早餐。

除了為不如預期的發展做規劃之外，你其實也可以在做規劃的時候，幫自己規劃一些「沒有規劃」的安排。這些沒有規劃的部分，可以隨著你的狀態做彈性的安排。比方說你可能累了，這段時間就可以拿來休息，或是你意外發現自己對什麼事情也很感興趣，也可以把那段時間拿去探索這件事情。

你也可以未雨綢繆，在還有能量的時候，做一些超前部署的動作。比如學期剛開始，課業壓力還不是那麼大，你就可以多做一些預習，減少自己之後學習需要耗費的時間。就像有些人在安排自己每個月的花費時，也會固定存一筆緊急救難金，概念也是一樣，就是在還有餘裕時，幫自己未來的需求做一些規劃。

你看，有事先做規劃，其實是充滿彈性的，而且是那種你可以掌握的彈性。如果你什麼都不做規劃，秉持著一種船到橋頭自然直的心態，這種看似有彈性的做法，其實一點也不具有彈性，你只是視狀況做出不得已的反應罷了。

你以為的突發奇想，很多都是規劃出來的

前面談到有規劃不代表就沒有彈性，接著我要進一步告訴大家，**很多看似沒有規則可循的事物，都是仰賴一定的規律性而生。**就拿魔術為例子，我們看起來覺得魔術師是神來一筆，總是可以窺探我們抽中的那一張牌。但多數魔術要不是在道具上做手腳，就是魔術師會用特定的方式發牌，來讓人感到驚喜。我有一個學生很會變魔術，在我的拜託之下，他跟我分享了幾個撲克牌魔術的秘辛，我這才知道，自己以前都被魔術師騙得團團轉。

表面上和規律搭不上關係的藝術創作，其實也是很有規律的。我們可能會覺得一些創作者的作品很有創意，但如果他們的每項作品都是靈機一現，我們為什麼能夠從

他們的作品中，去判斷這是誰的作品呢？就像塩田千春的作品，以錯綜複雜的線條著稱；草間彌生的作品，則是以不同大小的圓點著稱。

如果你還是不服氣，我要分享一個數據模擬研究的成果，在這個研究中，他們邀請不同年齡的人，依照自己認為隨機的方式寫下一長串數字。即便這些人都覺得自己是用隨機的方式寫上數字，他們分析的結果發現，超過二十五歲的人，基本上沒辦法產生完全隨機的數字，而是會有一些潛在的規則。也就是說，你遠比自己以為的更有規律，而且很有可能生活中的所有環節，都是以某種規律的方式在進行。既然如此，為何不好好了解自己的規劃，善用規律帶來的好處呢？

為什麼你不能妥善規劃？

（解方→P200）

第一、你太三心二意。有些人之所以不喜歡做規劃，是因為他們的喜好一直在變動，與其做了規劃之後，自己又反悔，還不如不要做規劃，順其自然。

第二、你不擅長照表操課。有的人雖然不是沒有規劃，但是執行力很差。這有可能是因為規劃的進度，和自己的能力有落差，以至於很難跟上進度；也有可能是你很容易分心，導致進度延宕。

心理學小科普

「創意與規律」

專注於創造力研究的愛德華．內卡（Edward Necka）教授曾經做過研究，比較一個人的創意和控制力之間的關係。他發現在創造力測驗上表現比較好的人，控制的能力也會比較好。此外，這些控制力比較好的人，他們創作出來的作品也被評為比較有原創性，但是在流暢性和彈性上的表現並沒有比較好。另外，有研究進一步發現，創造力和控制力之間是有關聯性的，而且跟控制從一個任務轉換到另一個任務的能力有關係。從腦部活動的結果則發現，創造力和海馬體（hippocampus）與左額上迴（left superior frontal gyrus）、中前迴（middle frontal gyrus）之間的連結程度有顯著正相關，也顯示創造力和高層次的認知能力具有關聯性。

Lesson 19

做對的事情，就不該妥協

很多年前，我身陷一個風暴當中，那時候我看到一個公車廣告，上面說某宗教領袖因為修煉有成，開頂成聖了，還附上一張大腦掃描的圖片當作證據。我一看這張圖片，覺得太荒謬了，畢竟腦殼若是有一個缺口，那個人的生命就有威脅了，更別說是要成聖了。

當時我寫了一篇科普文章討論這件事情，文章也同步在泛科學專欄以及公視新聞議題中心的網站發表。這篇文章一發出去，馬上引起熱議，有不少該宗教的信徒在下方留言嗆聲，且多半是用一些不理性的方式回應。他們甚至要求平台把這篇文章撤下來，但我和兩個平台的同仁都不認為文章有誤，所以並沒有接受他們的要求。

由於沒有達到他們的目的，這團體用盡各種不同的方式企圖影響我，包括癱瘓輔大心理系的網站、派校內老師來跟我遊說，還有人寄了一份這個團體的「聖經」給我。如同很多類似的事件，當這件事情有明確的對錯，且只有一方在興風作浪的時候，事情不久就會歸於平靜。幾年過去，這位宗教領袖已經歸西，而我的文章依舊掛在各個平台上。

可能是年紀輕比較「白目」，很喜歡路見不平，我也曾因一篇讀者投書而成為學校會計室的頭痛人物。當時因為有一些大學教授捲進國科會（現在的科技部）的報帳疑雲，我就順勢投書反映，有些學校對於經費核銷設定極為嚴格的標準，連釘書機都不能買。雖然那時沒有表明自己的來歷，但因為使用本名，相關單位馬上就找到我，並且指示校方有關單位跟我說明，我記得那時候會計室承辦人員打電話跟我說：「老師，以後你要核銷什麼，我們都讓你核銷，但若被退件，後果自負。」

後來又陸續因為一些不合理的核銷事件，和會計室烽火交戰多次。我有時候都覺得自己是不是太討人厭了，但是面對不合理的事情，我實在是嚥不下那口氣。有一年聖誕節，我收到會計室一位同仁的卡片，大意是謝謝我的提議，改善了不合理的制度，讓很多老師受惠。看到這張卡片的時候，我心中百感交集，覺得自己多事的建議，總算也有被正面看待的一天。

一切都是相對的，搞清楚自己的位置

隨著年紀的增長，我現在還是一個擇善固執的人，但是我在看待事情的時候，會提醒自己要從各種不同的角度去看，特別是要從與自己理念對立者的觀點來看事情，而不會在第一時間就採取行動。

就像現在回頭看撰文駁斥開頂成聖那件事，我也比較能夠理解那些信徒的反彈，因為在宗教的世界中，很多時候不一定是完全能用科學去解釋。就像即使證據顯示人類不是突然就出現在地球上，篤信基督教的人仍然深信人類是上帝創造的。這個論述沒有必要被戳破，只要沒有人利用它，去做一些不好的事情。

每一件事情都有很多面向，即使你再篤定，我都鼓勵你在確定自己的立場前，可以多方考慮，那麼一旦要採取行動的時候，就不會因反對的聲浪而裹足不前。因為那些反對都可能是預期的，你早就有心理準備，也就比較不會受到影響。

就拿教育部宣布高中延後到校的政策來說，若是從讓孩子多睡一點的觀點出發，我非常認同這樣的政策。但是，誰來確保孩子會因此就多睡一點呢？如果沒有辦法做到這一點，延後到校帶來的壞處恐怕還比較多。現在因為還沒有開始實施新政策，會不會有負面效應仍未可知。

同樣是教育相關政策，伴隨一〇八課綱的大學入學新制度，就在第一屆要入學之際，引發了很多討論的聲浪。連原本分科測驗不考數乙的政策，都因為有反對聲音，考慮要再次加入數乙、國文及英文，只是受限於體制，不確定什麼時候才能夠施行。更別說學習歷程檔案從一開始就引發各種聲浪，也讓整個新的制度備受挑戰。

你我或許不是政策制定者，我們做的選擇，也不一定會有那麼廣泛的影響層面，但是**在做一件你認為對的事情之前，多評估各種可能性，必定能讓你在真正開始做的時候，可以少一點阻礙，順利達成目標。**就像很多商家調漲價格時，通常會先做一波促銷活動，提升消費者的黏著度，降低漲價帶來的負面效應。

或是像現在很多老舊市場在進行搬遷計畫時，通常會規劃一個中繼市場，讓攤商感受到市場搬遷其實沒有那麼糟，他們對於市場更新也會比較有信心。像臺北市這幾年陸續有老舊市場重建，都因為有中繼市場與接駁車的配套做法，使得民眾與攤商都不至於有太大的反彈。

適時調整，才能持續走在軌道上

當你決定要去做一件事情，如果遇上突發狀況，你不做出任何調整，堅持自己原本的做法，那這不是擇善固執，而是愚蠢。就像買股票，如果遇上利空的突發事件，盡早退場是比較聰明的做法，但人們往往會有賭徒的心態，只看到可能的獲利，而忽略自己已經投注的成本，最終有可能血本無歸。

你該固執的，不是你到底要怎麼做一件事情，而是不要輕易改變你想要達成的目標。以股票投資為例，如果你投資是為了要獲利，不一定要堅持死守某一檔股票，適時轉換，對你來說是更好的做法，也能讓你更貼近獲利這個目標。

雖然做調整，似乎意味著自己先前的判斷是錯的，感覺讓人有點難堪。但勇於面對自己的過錯，做出調整迎向成功，總比因為不做調整，必須面對挫敗來得好。我們都該練習提早認錯，不要等到吃苦頭的時候，才願意認錯做調整。

不過話雖然這麼說，你也不要太輕易隨風轉舵，不能因為一時的不順遂，就認為自己原本堅持的做法有問題。若沒有突發的事件，或是你在事後發現自己先前的考慮

割捨 熱情 專注 規劃 固執 謙卑 佛系

不夠周延，你原本的規劃應該還是可行的，只是短期遇上一些波折。所以，你在決定做出調整之前，真的要想清楚。

走得快，不如走得遠

在認定一個方式是所謂的最佳做法時，我們很容易會一鼓作氣往前衝。但是，最佳做法其實是一個不存在的概念，因為環境一直在變，在一個時候最佳的做法，換到另一個時間點，就不一定是最佳的做法。所以，**你要時時審視自己的做法，在當下的情境是否還是最適合的做法。**

雖然調整勢必會讓你在短期間看起來比較沒效率，但若你已經發現問題了，卻不願意做修正，那麼長期來看勢必會付出代價。就像在賽車比賽的過程中，如果選手發現車子有異狀，就應該盡早維修再繼續上場。**如果你的身心狀態不佳，也該立刻停下來做調整，而不用勉強自己一定要繼續努力不懈。**那些在工作中倒下的人，通常都不是突發的，而是累積過多疲勞所導致的後果。如果你沒有想要倒下，該停下腳步的時候，就要從容休息，充滿電之後再出發。

另外，有時候正確的做法，不一定會比較快得到回饋。此時我們的信心難免會受到動搖，也比較會因為一些風吹草動而自我否定，認為自己的做法需要調整。我鼓勵你還是要回歸根本，檢視情境是否有所轉變，以及你是否有考慮欠周詳的部分。如果都沒有，可以透過自己設定適合的里程碑，來檢視自己的進展是否如預期，只要一切都是上軌道的，那就勇敢堅持下去吧！

為什麼你不敢堅持己見？

（解方→P200）

第一、你自己都不相信那是對的。很多人之所以不敢堅持自己的想法，是因為自我懷疑，不覺得自己可以做到。所以，他們會選擇去做一些，覺得會獲得別人認可的事情。

第二、你不敢為自己的堅持負責。很多人習慣聽別人的，因為覺得這樣自己就不用負責。但實際上，只要是你做的事情，就算是聽從別人的指示，你還是有責任的。所以，與其要為違背自己信念的事情背書，還不如為自己相信的事情背書。

心理學小科普

「青少年睡眠」

高中延後上課這個議題，在這一兩年受到矚目，教育部也順應民意做了一些制度上的調整。但是，一個後設分析的研究結果，若只考慮睡眠和學業表現之間的關係，會發現關鍵不是睡眠時間的長短，而是睡眠的品質。也就是說，教育部的美意，可能不一定能夠發揮效用。但如果因為沒有需要太早到校的壓力，讓高中生可以有比較好的睡眠品質，那麼對學生來說就是一大利多了。不過要提升睡眠品質，難度真的不是簡單的政策調整就能做到，也需要進一步研究去探討，對於青少年來說，哪些方法才是提升睡眠品質最有效的做法。

Lesson 20

認為不對的事情，就不要做

在前一個章節，我談到做對的事情就不該妥協。在這裡我要談另一個面向，就是面對不對的事情，我們也應該要有勇氣拒絕，不勉強自己去做不對的事情。相較於不去做一件對的事情，要不做一件錯的事情，難度更高，特別是有人期待你去做那件事情的時候，壓力就更大了。

曾經有一次，有朋友幫我介紹了一個奶粉業者的業配活動，當時做了一些溝通，業者表示希望能夠幫忙背書，說明奶粉中添加DHA可以讓孩子更聰明。這件事情，感覺上很合乎常理，但在我做了資料蒐集之後，發現給嬰兒喝的奶粉即使添加了DHA，也沒有穩定的證據顯示會提升他們之後的智能發展。我跟業者提議做調整，但業者沒有接受，後來我也就沒有接下這個業配。

在我之前經營的銀髮粉絲頁，我也有一些堅持，就是我們不隨便推薦用品，特別是強調有什麼療效的用品。有好幾次，都有業者想要我們以類似分銷的方式幫忙做推介，但我認為我們沒有實際使用過這個產品，就沒有辦法做這樣的公告與宣傳，即使這麼做可以為粉絲頁帶來收入。

雖然少做一些事情，可能會讓你有一些損失，但如果你用更廣的角度來思考，會發現你長期獲得的，比你短期損失的還要多。比方說，如果你勉強自己做一件你不認可的事情，你可能會花比較長的時間和精神才能夠完成，然後只剩下比較少的資源可以去做其他事情。更別說，這件你不認可的事情，之後可能釀成一些災難，你還要去收拾殘局。

所以，坦蕩蕩的做事情，或許沒辦法讓你一飛沖天，但只要你持續努力，你可能就只是起步慢，卻有可能是比較早抵達終點的人。

遺憾的是，在這個詐騙當道的年代，很多人都想要快速得到自己想要的東西，不論是金錢、權力或是愛情，也因此讓一些人有機可乘。不然以色列男子西蒙・列維耶夫（Simon Leviev，原名Shimon Hayut）怎麼可能騙了那麼多女性的身體和金錢，而俄羅斯裔的德國女子安娜・索羅金（Anna Sorkin）又怎麼能把紐約名流騙得團團轉，還差點獲得巨額資金投資她的事業。

冒險是要付出代價的

如果做一件事情，會有極大的好處，人們就會有比較高的機率去做這件事。每次過年期間，最高面額的刮刮樂總是最早賣完，就是一個很好的例子。但只有少數狀況下，極大的好處沒有伴隨著比較大的風險，若我們只看到好處，而忽略了比較大的風險，那就是一個隱憂了。

只是人真的很不理性，總是樂觀地認為好事會發生在自己身上，而壞事一定不會讓自己遇到。所以，我們很難認真看待自己可能會遇上的風險，去做風險評估的意願自然也不高。

但事實上，**當我們在做一件事情之前，如果你不是百分之百認為沒有問題，你就要知道它有可能會出錯。你要問問自己，你能否承受這個後果？**這個問題，若你連想都沒想，就決定要做這件事情，那真是有點大膽了。雖然在你想做一件事情的時候，你會偏頗地認為一定會很順利，不會有不好的事情發生。但如果有想過可能的風險，萬一事情出了錯，至少你會有些心理準備，不會顯得太過慌亂。

前面談到的，只是針對事情的風險去做討論，還沒有考慮到事情本身對或錯的問題。若一件事情是不該做的，風險又很高，不管有多大的好處，我認為你都不應該去做。令人比較糾結的是，如果一件事情是不該做的，但風險不高，潛在好處也很多，那到底要不要做？這就不是那麼容易抉擇了。我可能因為比較相信善有善報，惡有惡報，如果一件事情是不該做的，我就會覺得不應該去做。而且，即使你在當下沒受到懲罰，並不表示未來就不會被懲罰。

若整個環節不只牽涉到你一個人，還包含其他人，你就要更小心了。有一個經典的心理學實驗典範，叫做監獄困境（prison dilemma），就是說你和同伴都被抓了，但你們可以選擇認罪或是不認罪。如果你們兩個都不認罪，會被判一年徒刑；如果你不認罪，你的同夥認罪，那麼你不會被判刑，但是你的同夥會被判二十年徒刑；如果你認罪，你的同夥不認罪，你會被判二十年徒刑，你的同夥不會被判刑；如果你們兩個都認罪，你們都會被各判五年徒刑。結局會是什麼，不是你一個人單方面能決定的，也就更增加了整件事情的風險。

所以，不要跟著別人一起做壞事，或是在別人教唆之下做壞事，因為這是風險極高的做法，而冒險是要付出代價的。

放下不該做的事，你還有很多可以做的

當你決定不做一件不對的事情時，你可能會覺得自己的前途一片黑暗，不知道該往哪裡去。但如果你不是一個心術不正的人，這種不對的事情，原本也不在你的規劃中，你不能因為有人把那條路點亮了，甚至鋪上了紅毯，就覺得那是一條你非走不可的路。說真的，**路都是人走出來的，你還有很多其他的選擇，不用為放棄一條路而感到遺憾。**

你應該要盡快放下因為這個機會，在你心中所激起的漣漪。其實很多時候，事情用想的，很容易變得天花亂墜；當你真的去做了，會發現根本沒有自己預想的那麼美好。就像你看網紅拍的影片，覺得每樣東西都很好吃，飯店設施和服務都很讚，可是

實際上的狀況，通常都是失望比驚喜多。**你花越多時間懊悔，就離可能的成功越遠**；就算你反悔要去做壞事，機會可能也早就不存在，或是條件變差了，你也不一定會想要接受。

用一個比較正面積極的角度思考，你可以想想別人幫你指引的那條路，雖然可能是不正派的路，或許做一些調整，就不會是那種你覺得不該走的路。以我提到的業配例子，我後來就用那些資料幫大家科普了一下，避免讓更多人受騙上當。雖然沒有直接的好處，但累積了讀者對我的信任，誰知道會不會有其他人看到我這樣的特質，而有別的機會找上我呢。

若你更積極一點，就要想辦法證明那真的是一條錯的路。但這真不是一件容易的事情，因為很多時候，到底一件事情是對或錯，不是由客觀判定，而是主觀判定的。更別說，有些事情是因為你的標準比較高，所以認為是錯的，但實際上它沒有大錯，頂多只是有一點道德瑕疵罷了。

勿以惡小而為之

《三國演義》第八五回提到：「勿以惡小而為之，勿以善小而不為。」這是我時時拿來提醒自己的，因為人都很短視近利，很容易只看到眼前的好處。如果當下的小惡為我們帶來好處，我們會養成習慣想要做這些小惡，久而久之，積非成是，就會越陷越深，做一些更糟糕的事情。

特別是**在這個凡走過必留下痕跡的年代，你不要以為沒有人知道你曾經做過什麼壞事。有的時候，就是一些很小的細節露了餡，讓別人發現你做的壞事。**像是多年前有一位老師利用學術期刊審查上的漏洞，讓自己成為自己投稿論文的審查人。他這種做法已經成功多次，後來編輯起疑了，才發現他設置了一些假的電子郵件信箱，用來收投稿論文審查的信件，佯裝自己是其他的學者。就這樣，原本他以為可以幫助他的捷徑，反而讓他因為嚴重違反學術倫理，而受到了嚴重的處分。

不知道是文化的關係，或是有什麼其他原因，我們對於法律規定的依循度明顯過低，甚至還會說服自己，是規定太爛，我們才不遵守。所以，如果你認為一件事情沒有錯，是因為規定不好，才讓做這件事情變成是錯的，那麼請想辦法讓規定可以做調整，不要拿來當作自己不遵守規定的藉口。

為什麼你會明知故犯？

〔解方→P200〕

第一、被利益所吸引。有句話說「重賞之下，必有勇夫」，意思是只要利益夠大，足夠吸引人，一定會有人鋌而走險。特別是當你有需要的時候，利益對你的影響更大。

第二、你以為自己不是在做壞事。有些時候，一件事情到底是好事，還是壞事，真的很難去做判斷。因為當你的觀點不同，看法也會有所不同，這也就是為什麼要體認到自己在做壞事，格外的不容易。

心理學小科普

「如何提升智力」

雖然現在很多研究都發現，智力和成功之間的關係，並不如以前認為的那麼緊密。但是，很多爸爸媽媽還是希望自己的孩子可以更聰明一點。不少業者就抓住這個需求痛點，用各種看起來合理的方式來賺錢。但其實多數的方法，結果都沒有那麼穩定，不論是文中提到的，在奶粉中添加DHA，或是讓小朋友聽莫札特的音樂等做法。雖然這些都不是無稽之談，但結果都不穩定。目前為止，比較穩定能夠提升智力的方法，是透過n-back的訓練。所謂n-back的訓練，是要求人們比對現在看到東西和 n 個前的是否相同。比方說在2-back的作業中，如果依序看到1，3，4，3，5，6……這樣的順序，當你看到4的時候，你要比對4和兩個之前的數字，也就是1，是否是相同的；在看到第二個3的時候，你要比對3和兩個之前的數字，也就是和第一個3，是否是相同的。這作業看似難度不高，實際上是很難的，因為你一邊要記下之前出現的數字，一邊又要做比較，如果n很大的時候，難度就更高了。大家有興趣的話，有一些App可以提供這類訓練。

FOR YOU

反。思。解。方。箋

Q17「為什麼你鄙視有固定作息的人？」

❶ **解方** 提醒自己，固定作息的人，不僅能把自己常做的事情做好，也更有餘裕去做其他的事情。

❷ **解方** 提醒自己，「有限制，或許才是真正的自由」。

Q18「為什麼你不能妥善規劃？」

❶ **解方** 做規劃的時候，就先評估自己對這個規劃的滿意程度，在有預先評價的狀況下，你比較不會事後反悔，繼而能感受到規劃的好處。習慣這樣的做法之後，就會把規劃當作是一種日常了。

❷ **解方** 先從比較寬鬆的規劃開始做起，漸漸了解自己的能耐，再逐步調整進度，讓進度可以跟上自己的規劃。

Q19「為什麼你不敢堅持己見？」

❶ **解方** 擇善固執前，多方考慮，也要檢視自己的狀態。若認定了自己該怎麼做，就幫自己訂立里程碑，一步一步築夢。

❷ **解方** 事先盤點自己有哪些權利義務，確認那是在自己可以承擔的範圍，就該勇敢去做。但如果後果是你沒有辦法承擔的，請務必做出調整。

Q20「為什麼你會明知故犯？」

❶ **解方** 就算是利益再大，也要預先做好風險評估，至少要確認利大於弊，才是值得你去做的。

❷ **解方** 找個理念常跟自己相左的友人，請他幫你做判斷，或許可以讓你比較容易釐清，自己做的事情到底是好的，還是不好的。

Section

3

接受自己

謙卑・佛系

沒有人喜歡承認自己的不足，但與其假裝堅強，還不如謙卑地面對它，這樣不僅不會讓自己顯得遜色，還會讓你更有機會成長。

謙卑？佛系？

高效的最終極原則，其實就是要在過程中努力，但從容看待結果。若你可以從容看待結果，不拘泥於小細節，你會發現自己往往能夠成就更多。

謙卑

前輩！這個我不懂！可以跟你請教一下嗎？
嗯，可以啊。
經理！我想學這個！可以麻煩你指導我嗎？
那你可要認真學喔！
當年還是菜鳥的時候，就是靠著謙卑的態度，讓我從前輩們身上學習成長。
...當年是很謙卑沒錯，但怎麼現在好像有點臭屁？

Lesson 21 不自滿，你才有可能做得更好

二〇二一年美國網球公開賽女子組冠軍艾瑪．瑞度卡努（Emma Raducanu），年僅十八歲，她一路從會外賽打進決賽，讓大家驚豔不已。多數的人對於她奪冠感到不可思議，但你有想過，和她對戰的選手都比她有經驗，為什麼都輸給了她呢？背後的原因很多，其中一個應該是她們都輕忽了她這位年輕的對手，所以才會輸球。

其實不僅在運動場上，在多數競爭的場合，大家比的通常不只是實力，還有態度以及運氣。當你三者兼具，你就有比較高的機率可以獲得勝利。像流行音樂天后泰勒絲（Taylor Swift）儘管已經獲獎無數，唱片銷量持續稱霸，依舊是用很謙卑的態度來面對外界的評價，在關於她的紀錄片《美國小姐》（*Miss Americana*）中，有一段她得知其中一張專輯沒有獲得葛萊美獎青睞的時候，她沒有抱怨，只是說：「我只需要做更好的唱片。」（I just need to make better records.）

我們或許沒辦法控制運氣，但是態度和自己的實力，都是我們能夠掌握的。可是，人都很容易安於現狀，覺得自己已經夠好了，就沒有持續鞭策自己，讓自己變得更好。你若有這樣的心態，很容易就會被競爭對手超越，因為樹大招風，很快你就會成為別人模仿、挑戰的對象。

就拿叫車App為例子，在Uber進入臺灣市場之前，很少人會用App來叫計程車，通常都是用打電話的方式。原因除了習慣之外，就是那些App實在太難用了。而隨著人們越來越少打電話，Uber看準了年輕用戶的使用習慣，推出了功能優異的App，再加上各種搭乘優惠，成功搶進市場。也因為Uber的加入，各大計程車業者才紛紛改善自己的App，就是不希望市場被嚴重瓜分。

見賢思齊很重要

不管你所處的位置在哪，時時提醒自己見賢思齊是很重要的。**即便你是一個領域的佼佼者，也不盡然能夠把事情做到盡善盡美，所以多觀摩、參考別人的做法，對你**

來說是不能少的功夫。若你在一個領域還沒有居於領先地位，那麼你更應該多向那些比你優秀的人學習，了解他們為什麼會比你優秀。

畢竟，要把一件事情做好，有很多不同的方式。就像二〇二〇年東京奧運公路自行車的金牌得主安娜．基森霍佛（Anna Kiesenhofer），她沒有專業的教練協助指導培訓，靠的是自己數學運算的能力，計算出一套適合自己的勝利公式。如果你是輸給她的選手，下次參賽的時候，不妨考慮是不是要算一下適合自己的公式，讓你有更高的機率可以獲勝。

太多時候，我們都錯誤的以為，只有一種方法可以成功，所以當自己掌握這個方法的時候，就很容易自滿；而當自己還沒有精通這個方法的時候，也錯誤的以為只有練到精通，自己才有機會成功。一旦你有這種偏見，你就錯過了讓自己變更好的機會了，甚至有可能自我放棄，覺得自己沒有具備某種條件，就沒辦法成功。

就像你如果要烤一個蛋糕，可以選擇加入泡打粉，或是把蛋白打發，以天然的方式讓麵糊膨脹。如果你在第一次做蛋糕時，因為加了泡打粉，成果很好，就覺得滿足了，沒有再嘗試其他方法，當有一天沒有泡打粉的時候，你可能就不知道要怎麼做蛋糕。所以，**多學習別人成功的做法，一方面是讓自己進步，另一方面則是幫你熟悉一些替代方案，以備不時之需。**

你不能原地踏步

我想大家都聽過「學如逆水行舟，不進則退」，其實不只是學習，做任何事情都是如此。所以，即便你沒有想要追求卓越，你也不能輕易自滿，覺得自己的處境很舒適，就決定這樣安逸過日子。

處在這個快速變動的時代，沒有太多人只專精於一件事情，就能夠養活自己一輩子。你如果不持續進步，只會讓自己的處境越來越艱辛，直到有一天，你會發現自己已經毫無競爭能力。如果你的工作崗位是穩定的，而且周遭同事幾乎都有十年以上的資歷，那你更要格外小心了。因為，你很容易會安於現狀，而沒有想要讓自己可以變得更好。

就算外在的環境沒有要求你改變，你還是要養成自我要求的習慣，不要老是用同

樣的方式來做事情。用不同的方式做事情，不見得一定會比現在的方式好，但是有了比較，你會更容易看出，自己現在的做法有哪些優勢以及劣勢。

就像我之前在錄製podcast，有時候會邀請一些嘉賓和我對談，本來運作方式還過得去，但是自從疫情進入三級警戒，我就遇上困難了，因為我不知道要怎麼樣和嘉賓隔空錄製節目。後來幸好有位朋友介紹我用混音的設備，我才得以順利完成隔空錄音。在那之後，又發現其實還有別的做法，我根本連混音設備都不用買，就可以自己完成隔空錄音。

正因為大環境持續在變動，曾經最好的解法，不一定一直都會是最好的解法，所以固定一段時間做盤點，絕對是值得的。像我就因為工作關係，常常需要配合主辦單位使用不同的工具，也因此認識了不同線上平台的優缺點，以及線下做簡報有哪些不同的做法。

把自我提升當成一種習慣，就沒壓力

雖然持續要進步，感覺起來很有壓力，但是你可以把自我提升當作是一種習慣，當你很習慣這麼做的時候，就不會覺得這是壓力了。

至於每次要進步多少，真的也不用多，日本電子商務龍頭樂天社長三木谷浩史督促自己，只要每天改善百分之一，持續三百六十五天，一年後的自己將比現在強大三十七倍。第一次看到這個說法時，我覺得不可思議，還用試算表去算了一次，發現真的是如此！每次比前一次進步百分之一，聽起來應該不難，但要能夠持續堅持下去，你才有機會發現自己原來進步了那麼多。

提升自我的方式有很多，你可以選擇最適合自己的，用自己的步調來做自我提升。在這個過程中，最難的往往是踏出去的那一步，只要你有意願踏出那一步，你會發現事情真的沒有你想像的那麼難。

就像有人可能一直想要自己練習做甜點，但光是想到要買那麼多設備、材料，就覺得自己一定做不到。但其實現在有不少烘焙教室，只要人出現就好，什麼材料、設備都不需要自己準備，照表操課，很快就能完成一道又一道的甜點。你可以想辦法幫自己安排這樣的環境，**設定一個比較低的入門門檻，提升自己跨越門檻的動機，先建**

【示範】以成為一個 podcaster 為設想的九宮格

聽一個沒聽過的 podcast	錄下自己朗讀一段文字的聲音	練習用一個聲音編輯軟體
比較某類 podcast 前三名節目 logo 的設計	將一集 podcast 上架	讓好朋友試聽你錄製的聲音
打電話進 call-in 廣播節目	思考要怎麼把 podcast 上架	試著整理一集 podcast 的大綱

立一些興趣與成就感，讓自己更有意願去做自我提升。

哪怕你只是每天在通勤路上收聽一個知識型節目，都有可能會在日積月累之後，為你帶來很大的轉變。像我就因為車子的藍芽系統故障，開車時只能聽廣播節目，不能聽自己想播放的串流音樂，因而累積了不少財經知識。雖然不敢說變成財經專家，但至少會知道在聽到這些投資名嘴的建議時，自己應該要採取怎麼樣的態度。

若你沒有什麼特別的想法，我建議你可以做一個九宮格（如上圖），在每個格子裡寫上一件可以自我提升的事情，每次想要自我提升的時候，就從中隨機選一個來做。你不用寫一些太困難的事情，因為做這件事情的目的，是希望你不要窩在舒適圈，就算嘗試失敗了，對你也是很好的提醒，目的也就達成了。

為什麼你不願意面對自己的不完美？

〔解方→P238〕

第一、這與你的自我認同不符。有些人可能覺得自己是完美無瑕的，所以不太能接受自己不夠好這件事情。可是實際上，有缺陷才是常態，放下這個完美主義的思維，你才有可能變得更好。

第二、你沒有看到缺陷的美好。就像表面不平滑的馬鈴薯，其實更有生命力、更美味，缺陷不一定就是不好的。你想想看，如果你陰錯陽差把一件事情做好，你可能不一定下次可以做那麼好，因為你不知道所以然。但是，如果你因為做錯了，檢討自己失敗的原因，你反而有更高的機率可以做得更好。所以，缺陷、失敗對人的好處，說不定還比壞處更多呢！

心理學小科普

「成功的公式」

雖然選手可能可以透過精準運算的方式，來打造自己在運動場上的成功。然而，成功的方程式真的存在嗎？《成功竟然有公式》（*The Formula：The Universal Laws of Success*）這本書的作者巴拉巴西（Albert-László Barabási），透過大數據的分析，推論出了成功的五大定律，看起來相當吸引人。但是，像這樣的演算，首先必須仰賴我們做一些定義。到底什麼是成功呢？我們又要針對哪些人的表現來定義他們是不是真的成功了？如果這些定義不同，基本上就會得到不同的結果。另外，如果你考慮到不同的因素，也會推演出不同的成功方程式。你或許不一定有個數學博士的頭銜，但只要你願意系統性記錄自己的行為，以及最終的成果，搭配一些統計學的運算，你也有可能幫自己打造一個成功的方程式，這比起其他工具幫你推演出來的公式，更能預測你的成功。

Lesson 22

半小時還原地踏步，就是該舉白旗的時候

在人文社會科學領域，有一個大家常使用的實驗軟體 E-Prime，因為容易操作，又具備擴充性，所以很受到歡迎。我曾經寫過一本書介紹怎麼使用這個軟體，甚至有不少人看過或知道有這本書，而不一定認識我。但我要跟大家分享一個有點尷尬的過去：當年我是當兵退伍之後，才第一次接觸這個軟體，那時候我看使用手冊看了一個下午，還是沒什麼頭緒，心裡有點想要放棄。當時，有個比我低幾屆的學妹看我有些苦惱，就說：「學長，我教你用吧！」

說也奇怪，在學妹短暫的帶領下，本來停滯不前的我，馬上就進入狀況了。在那之後，由於做研究需要，陸續學了很多不同的寫法。過程中難免也有卡關的時候，我就會給自己半個小時的時間找答案，如果真的找不出答案，就先不處理它。會這樣做，是因為我曾經花了一整天找答案，結果最後還是沒辦法把程式寫完。甚至有一次

割捨 熱情 專注 規劃 固執 謙卑 佛系

出問題的部分，是軟體本身的疏失，而不是我自己犯錯，導致無法成功。

在念博士的時候，系上有購買這個軟體的售後服務，遇上解決不了的問題時，我就會求助於出版這個軟體的公司。而這家公司也蠻有意思，他們通常會給你一些類似的程式當作參考，但是不會直接幫你寫程式。所以對我來說，跟他們求救，不用擔心自己能力會退化，畢竟自己還是要費一點心力來做嘗試。

因為有這樣的經驗，在教學生使用這個軟體時，我都會告訴他們：「如果卡關半小時，就不要繼續試了，來問我。」雖然這是幫自己找麻煩，但老實說，多數學生卡關的點都很容易解決，只是他們經驗不足，不容易看到問題所在。當然，我也不會直接就告訴學生答案，通常會先問他們，「你想要程式幫你做什麼？」然後引導他們去想，要怎麼讓程式幫他們達成目的。

你或許不一定需要寫程式，但是在猜燈謎或玩遊戲的時候，你可能也會卡關，這時只要有人給你一個提示，你有可能就會找出答案了。也就是說，很多時候我們不是能力不足，只是沒有用對方式才會卡關。面對這樣的狀況，你也不用太矜持，參考一下提示，或許就能幫自己省下不少功夫。

我小時候曾經在美國住過一年，那時候我很喜歡看一個猜字詞的節目叫做「命運輪盤」（Wheel of Fortune），遊戲玩法是由玩家們輪流猜字詞中有哪些字母，只要玩家猜的字母是答案中有出現的，看板上就會出現這個字母的所在位置（有點像最近火紅的遊戲Wordle）。玩家只能猜子音，不能猜母音，母音是要花錢才能夠猜的。我發現花錢買母音字母的幫助很大，因為知道字詞中有哪些母音，有助於玩家猜出答案。而買字母這件事情，就像是獲得提示一樣，讓你更容易成功，並不是一件壞事情。

承認不足和放棄是不同的

雖然跟別人求救，或是看答題的提示，都是示弱的行為，但也比你完全放棄來得好。只要不是用不合規定的方式，我認為承認自己的不足，完全沒有問題。只是這個界線有時候很模糊，像是孩子不知道怎麼完成作業時，身為父母的我們很想幫忙，但這一幫忙就幫孩子完成了，到底要不要幫？當我遇到這樣的情境，我一定會先跟孩子說：「就算我帶你完成了一遍，你也要自己重做一次，否則我就不幫你了。」

即便你只是為了達到目的，而選擇不擇手段，某種程度上來說也比放棄好，因為有這些舉動，表示你還是在乎的。不知道為什麼，不少人有一種奇怪的坦率，就是與其裝作自己懂，他們不想假裝。像是我發現有越來越多的學生，在做問答題的時候直接空白，一個字都不寫。在我詢問之後，學生有點訝異的回我：「我就不知道答案，為什麼要靠瞎猜來騙分數呢？」

因為我曾經也是學生，也經歷過明明花很多時間念書，考試成績還是不理想的困境，我可以理解為什麼有些學生會選擇放棄，不花時間準備。但是我也知道「反正努力了也沒用，還不如不努力」，只是為了讓自己選擇放棄顯得不那麼難堪的藉口。**如果你真的沒有要放棄，一定可以找到一些方法，讓自己至少可以滿足基本門檻。**

像現在大學教授也要定期接受學校的審查（有點類似企業界打考績的做法），如果沒有通過審查，最嚴重也會有不被續聘的處分。儘管審查標準和我心目中理想的指標有落差，可是人在江湖，身不由己，我還是要想辦法符合這個指標。所以，我就會評估到底要用怎麼樣的方式，可以讓我用最省力的方法來通過審查。

因此，各位可以想想，當你想要放棄做一件事情的時候，你是真的完全沒轍，或者只是其中某些環節對你來說過於困難。若是屬於後者，只要針對那些困難的部分尋求協助，你就會發現，自己其實沒有必要那麼早就放棄。

面對自己的不足，反而是成長的契機

我知道要承認自己沒有那麼好，不是一件容易的事情，但你如果可以坦然面對自己的不足，反而更有機會藉此成長。就像在不少面試的環節，考官可能都會請面試者說明自己的弱點。其實這個問題，真正關鍵不是在於你有什麼樣的弱點，而是針對這個弱點，你到底做了什麼，你的作為才是考官想要知道的。

你的成長不一定要針對這個能力去做精進，也可能是有一個覺悟，發現自己真的做不來某些事情，那麼你就知道要怎麼去做彌補。就像在一些運動賽事，我們會發現鮮少有選手什麼都擅長，他們通常會在擅長的部分多花一點心力，以確保自己是有競爭力的。所以**面對不足的關鍵，不是要認輸，而是要提醒自己，在某些部分，自己的能力是不足的，如果依舊想要有非凡的成就，就需要做一些截長補短的規劃。**

但是要怎麼知道自己究竟哪些能力好，哪些能力比較不好呢？很多人會想到性向測驗，這個心理學界的寶庫，不是最好的方式嗎？我不想扯後腿，但是面對瞬息萬變的外在環境，我覺得很多性向測驗早已過時，不能反映現代人的能力。如果你常使用網際網路，並且是用真實的態度來使用，那麼我認為這些使用軌跡最能夠反映你的能力，只是目前還沒有類似的工具，可以協助人們用這種方式探究自己的能力。

在那之前，或許**你可以透過多元的體驗，來做自我探索**。如果你是學生，不要被考試的分數綁架了；如果你是上班族，不要把工作當作自己生活的唯一。你不一定要花很多時間去做探索，但必須要把這件事情放入行程表中，並且認真的執行。

有些路可能真的不適合自己，也沒有必要勉強

能夠把每件事情做好，似乎是大家對於成功人士的基本人設。但是，能夠把所有事情都做得盡善盡美的人，基本上不存在。**與其執著於自己也要當個完美無缺的人，看清楚自己的優缺點，反而是你更需要做的事情。**

有些事情可能真的不適合你做，你就沒有必要勉強自己一定要把那件事情做好。像兩年多前抖音等短影片開始風行，我也在別人的期待下拍了一些短影片，可是我真的覺得做這個太不適合我了。當然認清自己不適合做這件事情，也意味著會有一些損失，這是必然的。面對這種自己造成的損失，不是世界末日，因為這是預期中的損失，你可以提早做準備，讓自己的損失降到最低。

除了認清自己不是什麼都能做到之外，這背後更殘酷的事實就是，我們要認清自己不一定能成為佼佼者。若你知道自己有幾斤幾兩，追求適合自己的目標，比起一定要自己成為佼佼者，在我看來是更好的選擇。

為什麼你無法放下？

〔解方→P238〕

第一、能力不足被汙名化了。在我們的社會中，承認自己不足，和不夠努力往往被畫上等號。我不否認，經過長時間的努力，一個人是有可能在自己原本不擅長的事情上有卓越的表現。但能力不足和不努力，真的不一樣，與其花兩倍時間做自己不擅長的事情，還不如花時間做自己擅長的事情。

第二、你其實不知道自己要什麼。很多人之所以不願意低頭，是因為不知道自己要追求什麼，只好以社會上信仰的價值做為努力方向。但是，這樣的追求，真的是太為難自己了。

心理學小科普

「適性發展」

如果一個人做跟自己能力匹配的事情，又有很強的動機，那麼這個人成功的機率會是很高的。但你若是有動機卻缺乏能力，或是有能力而缺乏動機，怎麼辦呢？過去的研究顯示，能力和動機都會影響你的成功，但兩者之間的關聯性不一定是存在的。所以，如果你先天能力不足，還是很想做一件事情，你一定要持續有強烈的動機，否則會很容易面對失敗。但若可以的話，我還是建議大家在自己有天分的方面努力。因為有個後設分析的研究發現，對於像音樂家、運動員這樣的專業人士來說，天分還是比較重要的。在這個研究中，練習時間的長短，對於一個人的表現好壞，只有百分之十二的解釋力，是相對微不足道的。當然，除了練習，你還有很多可以做的，所以如果你真的缺乏天分，但很有熱情，也願意付諸努力，還是可以追逐自己的夢想，因為除了自助之外，也有可能會有他人的協助，都會讓你離成功更靠近。

Lesson 23

如果有人可以做得更好，為什麼堅持要自己做？

小時候，我家有任何電器相關的問題，外公就會到我們家幫忙維修。因為外公是個很厲害的工程師，各種電器相關的問題都難不倒他。或許是外公太厲害了，我爸相形之下就顯得有點沒存在感，特別是遇上有東西壞掉的時候。

以前我覺得父親有點懶惰，為什麼不自己學著修理電器。但長大後我才意識到，父親才是高招，因為他知道自己不擅長修理電器，與其花時間去摸索，還不如讓外公來幫忙。如此一來，不僅可以讓外公有成就感，也會讓他覺得自己還在呵護著女兒，根本是多贏的局面。

當然我爸也不是坐享其成，他會在其他方面回饋外公，像是買新鮮的海鮮、水果送到外公家等等。或許就因為這樣有來有往，父親和母親家人的互動一直很順暢，阿姨、舅舅們也都很看重這位姊夫的存在。

和別人一起合作，讓每個人可以做自己擅長的事情，絕對是你我都需要學會的人生道理。

過去，我曾經也是個喜歡什麼都自己來的人，上大學的時候，參加學校社團擔任社長，由於臉皮薄，不好意思叫其他幹部做事，什麼都自己攬下來做。但這樣的做法很糟糕，搞得自己很累，社內幹部也因為找不到事情做，和社團漸行漸遠。還好後來因為協辦一場大型活動，我不得不把工作分配給其他人，畢竟我不可能一個人做完所有事情。而這個機緣，轉變了我經營社團的模式，社團也在這場大型活動後增添很多活力與向心力。

現在的我，或許因為很清楚知道自己的長處與短處，在一些事情上，我會毫不猶豫的請人協助，像是組裝家具。我知道有些人喜歡DIY組裝的過程，但是組裝這件事實在是太不適合我了，因為要仔細看說明書，還必須要具備良好的空間能力。我是一個不愛看說明書，喜歡自己嘗試的人，再加上空間能力不太好，所以我一定是花錢請人來組裝，雖然要多花一點錢，但根本不需要仔細盤點評估，就會知道這是非常划算的投資。

在這個年代，不少有生意頭腦的人，也意識到了這件事情，所以你可以花錢請人幫你排隊，或是請人幫你打掃等等。這絕對不是懶惰，而是善用資源，讓自己可以把資源用在最重要的事情上。

所以，與其排隊搶限量商品，我寧可多花一點錢在拍賣網站上買。但如果你是單純因為懶惰，花錢買服務，我就不是那麼建議了，因為這只會剝削你擁有的資產，讓你變得更匱乏。

每個人都有自己的專業

不論是小朋友看的卡通、動畫片，或是成年人看的影集、電影，都有很多看似有殘缺的人，憑藉著彼此的優勢，也能夠擁有非凡的成就。在生活中，你也該依循這樣的生活哲學，**了解你周遭的人有哪些專長，你又可以貢獻自己哪方面的專長，讓彼此都可以互惠。**

我知道在坊間有不少工作坊，都會去運用一些心理測驗，比如像是DISC人格測驗

（Dominance, Influence, Steadiness, Compliance Personality Test）、邁爾斯類型指標（Myers Briggs Type Indicator, MBTI）等測驗，把人做一些分類，並且在每一個組都混雜每個類型的人。

這樣的分類和平常我們找朋友的方式不太一樣，通常我們會被和自己性格相近的人吸引，而研究也顯示這種做法能夠讓群體比較和睦。但一個群體要一起執行任務的時候，相似性就不是優點，反而是成功的阻礙。所以，有經驗的主管在招募員工時，除了考慮應聘者的能力之外，也會評估那是否是團隊最欠缺的能力。

在這社交網路盛行的年代，我相信很多人一有什麼需求，就會在社交平台上做詢問，這其實就是善用每個人專長的一種做法。我鼓勵大家要善用這樣的管道，而且若有可能，應該多結交一些不同專業的朋友，豐富自己的人脈資源。

雖然我在心理系教書，可是我們的學生畢業後發展相對多元，而這些也都成為我豐富的人脈資源。甚至還有朋友戲稱：「每次講到什麼，你都有學生在那個行業，有沒有哪一個行業是沒有人發展的？」說實在的，除了需要通過各種國家考試的行業之外，我還真的在各行各業都可以找到幾個學生。

你要樂於助人

如果你希望別人在你需要的時候能夠伸出援手，那麼你平常就該當個樂於助人的人。我或許是有點多事，但只要時間允許，看到朋友有什麼需要，我都會很樂意提供協助。像是有朋友在念碩士專班，面對學習有一些不安，我就幫她介紹了一下學術圈的潛規則，也讓她安心不少。或是有朋友需要有人可以做簡單的影片剪輯，我也會不吝嗇的給予協助。

光是在付出的過程，其實我自己就有所收穫，更別說之後他們回饋給我的協助。不過，我有一個重要提醒，就是**千萬不要期待別人之後會對你好，才決定要幫助他**。不論是別人向你求助，或是你有想要助人，你應該要考慮的，是自己是否有能力，能夠即時提供協助，僅此而已。

有的時候，你是有能力可以提供協助，但是你沒有意願，又該怎麼處理？你之所以會有這樣的考慮，顯示你和這個人可能有過不愉快的經驗，那麼你可以選擇優雅地拒絕，千萬不要勉強自己去助人。因為社會上還是有不少人只想利用別人，這些人對於你的協助也不會放在心上，你沒有必要對這樣的人太友善。

不過如果可以的話，我會傾向只考慮自己當下是否可以很從容的助人，而不要想太多其他的。因為我們都不知道未來會發生什麼樣的事情。就像有一次，我聽說有位不是特別熟識的前輩，知道我在念研究所的時候，義務帶領學弟妹讀論文，對於我有很好的評價，在審我的作品時讚譽有加。

讓個人都對社會有貢獻，才是社會進步的祕方

前一陣子，我和孩子們一起看蠟筆小新的電影《蠟筆小新：謎案！天下春日部學院的怪奇事件》。這部電影的劇情很跟得上時代，講一間菁英學校透過人工智慧來管理學生，然後想當然耳，這樣的菁英培訓出了亂子。為了要終結這個亂象，人工智慧選擇出來的菁英和蠟筆小新一行人對決，誰贏了就可以決定學校未來的走向。

前半部有點荒誕的劇情，在最後步上了正軌，我們看到了每個角色都善用自己的專長，最終蠟筆小新一行人戰勝了菁英。電影的劇情或許很童話，但是，一個社會

要能夠穩定發展，絕對不是有一個菁英領袖就足夠了。每個人若有機會施展自己的專長，才是社會可以穩定進步的關鍵。

只是很遺憾的，菁英主事者往往都會希望掌握權力，不願意讓每個人有機會發揮自己的長處。他們甚至會設定一些荒謬至極的規則，就是希望大家都能夠安於現狀，做著自己不一定適合做的事情。若你有在新創團隊和大型企業工作的經驗，對於這種事情應該會更有感觸。也難怪，不少有想法的人，在大企業都待不久，因為他們覺得自己的發展受到限制。

如果主事者可以謙卑一點，面對自己的不足，虛心接受諫言，對於整個群體來說，才是最大的福祉。在中國歷史上，唐太宗就是一個很好的例子，他和魏徵之間，一個直言，一個虛懷納諫，成就了太平盛世。

所以，倘若你是個有權勢的人，在提醒自己之餘，也要讓底下的人知道你是願意虛心接受諫言的，你才有機會可以有更好的成就。此外，如果你知道有員工可以把事情做得比自己好，也該把舞台讓出來，讓他們可以有所發揮，不用一個人攬下所有的榮耀。

為什麼你不願意讓別人幫忙？

〔解方→P238〕

第一、你對人不信任。我不否認我有時候不願意求助，是因為不覺得別人可以把事情做好，能夠符合自己的標準。但是你要知道，如果你自己分出時間、精力來做，可能也無法做到自己滿意的境界，那為何要為難自己呢？

第二、你臉皮太薄。有不少人覺得麻煩別人是很難堪的事情，不僅暴露了自己的不足，也欠別人一個人情。但是只要你不是獨居，人和人之間本來就該互相交流、協助。所以，真的不要覺得不好意思，大不了多花些心思想要怎麼感謝別人的協助就可以了。

心理學小科普

「組織組成的影響」

組織的人格組成有不同的劃分，有一種是強調組織內某種特質要達到平均的水準，而不追求多元性（團隊人格聚合性，team personality elevation, TPE）；另一種則是強調組織內的多元性，而不一定要每個特質都達到平均的水準（團隊人格異質性，team personality diversity, TPD）。有一項研究針對八十二個不同的團隊表現，以及他們組織的人格組成之間的關係。結果發現，針對責任感、親和性、開放性這三個人格特質，組織內人格特質平均值越高，工作的表現越好；而針對外向性和情緒穩定性這兩個指標，則是組織的人格特質越多元，工作的表現會越好。所以，如果你希望透過人格特質上的多元性來提升組織的表現，依據外向程度以及情緒穩定性的多元性來做分組，才會是有效的做法。但是，組織內同質性高，也不一定完全不好，只要你們的特質適合要執行的任務，就算同質性高，也能夠有好的工作表現。

Lesson 24

保持開放的心，多認識別人的專業

不論你是學生或是上班族，當你在一個單位待了很長一段時間，你就很容易陷入一種井底之蛙的困境。即便你所在的單位是最好的地方，你同樣會遇上這樣的危機，因為你會太習慣用一套方式來處理事情，而且認為那就是最好的方法。

實際的狀況當然不一定是那樣。就像很多人剛去到歐美國家生活，會覺得很不習慣，因為你已經習慣了亞洲地區的高效率，還有有點荒唐的以客為尊。我記得第一次到銀行開戶，等了好一段時間不說，居然還要等幾天才能完成開戶作業，讓我覺得很不可思議。那時候我跟英國同學抱怨，他們說這很正常，因為銀行需要時間確認你的資料是否正確無誤，寧可先謹慎一些，也不要事後出問題。後來或許在那個環境生活久了，我對於很多看起來沒效率的事情，也都有了不同的觀感。

這樣不同的生活經驗，對我來說是很好的啟發。它讓我意識到，每個人對於社會是怎麼運作，都會因為各自的背景、經驗，而有不同的想像。

一位旅英的日本喜劇家小谷百合子（Yuriko Kotani），曾經針對她心目中的英國文化，錄製了一段很有趣的短片。因為曾經在英國生活過，我對她影片中介紹的很多概念，都是點頭如搗蒜。像是她提到英國人常用ish（差不多）這個字眼，其實就表達了這是充滿不確定性的，但不懂這意涵的人，往往會忽略當中的不確定性。若有英國人跟你約1-ish，意思不是他跟你約一點，而是約在一點左右的時間，大概前後各有十五分鐘左右的區間。

當你了解1-ish的用意之後，人際互動的壓力也會比較小，不會因為晚到個十分鐘，就覺得自己很失禮。所以，這看起來不精準的表達方式，背後其實多了一點貼心，給彼此一些緩衝的空間。

用不同文化來做舉例，大家或許比較願意接受「價值並非絕對，而是相對的」這樣的道理。就像凡事照著SOP做，對於嚴謹的加工業來說，是很重要的；但對於仰賴創意的設計師來說，就很不恰當了。我們該練習去欣賞每件事情的價值，並且想辦法適得其所。

強迫自己認識不同專業的朋友

要讓自己認識不同的價值觀，最簡單的做法，就是**認識跟自己專業迥異的朋友。當你們之間差異性越大，你們越有可能從彼此身上學習。**即使跟同行的人交流，都有可能讓你得到一些收穫，因為每家公司的做法不盡然相同。就像我即使在學校和其他系的老師交流，都會發現原來我們竟然如此的不同，有些老師認為確保學生有學到知識很重要，但我覺得我的角色是啟發你對知識的興趣，而不是要求學生吸收所有我認為重要的知識。

正因為有這些差異，會激發你去思考自己信仰的價值，是否真是值得你信仰的，不要只是因為習慣了，就認同這樣的價值。即使經過深思熟慮後，你沒有改變自己的想法，這個過程也是值得的。若你因為這樣的換位思考而有所啟發，那就太值得了！

幾年前我曾經有點洩氣，打算放棄經營自己創建的銀髮粉絲頁，後來有一個機會讀到小國士朗撰寫的《會上錯菜的餐廳》這本書，讓我有了截然不同的想法。在書中，小國先生提到：「若我們有能力可以做一些好事，那麼我們就該要去做。」這對那個時候的我是很好的提醒，因為我一度覺得自己做的事情，別人也在做，自己沒有必要繼續做下去。但仔細端詳，我知道它還是有一些不可取代性，也就有動力再繼續經營下去。

你身邊或許不存在那麼多會給你啟發的人，但現在有網際網路，只要你願意，都有可能發現世界上各種奇人軼事。就像我喜歡看電影，從電影中我會接觸到很多讓人瞪大眼睛的價值觀。比如日前我看了根據真人真事改編的電影《神聖電視台》（*The Eyes of Tammy Faye*），故事中主角的信念，就讓我有些驚訝。雖然說他們有點像是宗教騙徒，但不得不承認，他們對於宣揚神的旨意這件事情，充滿熱情。他們販售的是一種對神的依賴、贖罪，這確實打動了很多人，雖然客觀上這樣的價值會被汙名化，但只要兩廂情願，我們也不必要完全去否定它。

尋找彼此的關聯性

你除了該認識不同的人之外，另一件你需要做的事情，是練習找到彼此的關聯性。這個做法，除了能讓你更容易和這個人建立關係，也會因此開拓你的眼界，發現原來你們把一個能力，做了那麼不同的發揮。

這兩年，一個奇妙的緣分，使我和校內一位語言所的老師搭上線，我和系上另一位老師還去幫他們的學生上課。兩年下來，發覺這個經驗很有趣，因為雖然我們都會做實驗，但是我們設計實驗的邏輯很不同，都有各自看重的部分。據說，不少學生因為在我上課的階段，做了心理學研究的嘗試，後來在期末作業中，選擇做心理學相關的研究，我想這就是那些學生觸類旁通很好的例子。

其實很多事情看起來不同，本質上並沒有那麼大的差異，因為很多事情都是相通的。就拿宗教信仰來說，我們或許會覺得不同宗教間是天差地遠的，但天主教樞機主教單國璽就曾與法鼓山創辦人聖嚴法師以己身為世人說法。他們都認同宗教修為與慈悲，讓他們洞悉生死，超越生死，更歡喜看生死。

所以**能否找到關聯性的核心，是你的意願，如果你有心想要找到彼此的共通點，那麼你絕對有機會可以找到。**相對的，如果你打心底抗拒和這個人產生關聯性，即便你們再相似，你可能都會覺得你們之間差異性很大。就像一些學者，為了證實自己的理論是獨一無二的，就會跟其他人的理論劃清界線，即便在旁人的觀點中，他們的理論其實根本大同小異。

你的專長可能就是別人最欠缺的

多認識別人的專業，表面上看是為自己好，但這個舉動，同時間也是一個利他的行為。因為你在認識別人的同時，必然也會讓別人認識你，那麼就有可能讓彼此發現另一片天地。

在華人的文化中，我們比較不擅長展現自我，每個人都把自己藏得好好的，真的很可惜。如果說我們是有十分講三分，那不少歐美人士就是有三分講十分。雖然有點荒唐，但是正因為他們敢表達，彼此間比較有可能互相激盪，產生不同的火花。我沒有要鼓勵大家自我膨脹，但可以**練習多讓別人看到自己的長處，這樣別人才會知道，你們之間會有怎麼樣的可能性。**

就像很多年前，我跟一位網友（安人心智董事長陽志平）本來是要談青少年產品的開發，但後來聊到我當時花比較多心力在做老人相關的事情，之後這位朋友的公司想要開發老人的產品，我們就這樣搭上線了。後來又因為事業轉型，我們的合作從老人產品，轉變為育兒的產品，算是蠻奇妙的一趟旅程。如果當時我們沒有那場閒聊，或許他就不一定會發現我的專長，後續的事情也不一定會發生。

總之，你不要覺得自己是什麼都懂，是很了不起的。**你越謙卑，才會有意願打開自己的心，去看到別人的好。**當別人感受到你的謙卑，他們也會比較想要跟你親近，讓你看到他們真實的樣貌。

為什麼你龜縮？

〔解方→P238〕

第一、你害怕跟人互動。有些人對於要跟陌生人認識，很容易感到焦慮。但要認識一個人，並非意味著你就真的要跟這個人往來，它也可以是單向的，像是透過一些資料，認識一個人的長處。可是，單向的往來，還是會有一些

缺憾。

第二、你眼界狹隘。有的人大概覺得自己的目標明確，而且自己走的路已經是最理想的路了，所以不想要分心。如果你是那樣的處境，或許真的沒必要去認識別人的長才。但是，真實世界中，這樣的機率微乎其微，總是有很多出乎意料的環節。

心理學小科普

「文化差異」

大家如果有跟其他文化的人相處的經驗，應該不會覺得文化對於人們有什麼樣的影響。但實際上，文化的影響是很廣泛的，甚至連很底層的訊息處理，都會受到文化的影響。比方說美國密西根大學的理查·尼斯貝特（Richard Nisbett）教授就發現，在集體主義文化的人們，處理一個場景的訊息時，會很重視主體和環境之間的關係；相對的，在個人主義文化的人們，只會處理跟主體有關係的訊息。他在一個經典的研究中，請參與者看著水族箱，然後說出自己看到什麼。在描述的時候，屬於個人主義的美國參與者，只會講到水族箱的魚往哪邊游；屬於集體主義的日本參與者，則會先描述環境中的東西，最後才會講到魚往哪邊游，兩邊的描述明顯很不一樣。所以，真的不要以為所有人看到的，跟你看到的世界都一樣，你們看到的世界，可能是很不同的！

FOR YOU
反。思。解。方。箋

Q21「為什麼你不願意面對自己的不完美？」

❶ **解方** 羅列自己優點的時候，也列出因為這個優點所帶來的缺點，讓自己意識到，自己不可能是完美的。

❷ **解方** 幫每一個缺陷想三個好處，發現缺陷的美好。

Q22「為什麼你無法放下？」

❶ **解方** 你可以努力嘗試一次，檢視這樣的投報率是否是值得的，就更能夠放下一定要把這件事情做好的堅持。

❷ **解方** 在盲目追求之前，好好探索自己想要的是什麼，絕對是比較值得的做法。

Q23「為什麼你不願意讓別人幫忙？」

❶ **解方** 可以設定低一點的標準，練習讓別人幫你做事情，不要自己做全部的事情。

❷ **解方** 從跟比較熟的朋友開始，做勞務交換，讓自己練習有求於人。

Q24「為什麼你龜縮？」

❶ **解方** 幫自己先設定好互動的方式與界線，多次演練再行動，或許能稍微降低你的焦慮。一旦有了好的互動，就有可能讓你願意繼續跟人互動。

❷ **解方** 規定自己要用一個不熟悉的方式來做事情，或許你就會發現自己還是有所不足，也會願意去看看，為什麼別人可以用那樣的方式來獲得成功。

佛系

高效的最
終極原則…
要從容的
看待結果！
因為最重要
的是在過程中
努力！
但是…
話說回來你也
贏太多分了吧！
我都輸了整整30分了！
呵呵，不是說要
從容看待結果嗎？
看我的三分球！

Lesson 25

重視過程，看淡結果

英國前首相溫斯頓．邱吉爾曾經說過一句話：「成功不是結局，失敗也並非末日，重要的是有沒有勇氣繼續前進。」我知道這聽起來很心靈雞湯，特別是當你剛遭遇挫敗的時候，你會覺得這都是拿來安慰人的，根本對實際狀況沒有什麼幫助。

但你仔細想想，若你在失敗之後，一直沉浸在這樣的負面感受，你就會成功嗎？答案是否定的。如果你沒有從挫敗中站起來，沒有繼續努力，你只會停留在原地，而且越來越沒有力量站起來。但是，若你在成功之後，就怠惰自己，沒有維持先前的努力，成功也不會陪伴你太久。所以，真正的關鍵，不是你的成功與否，而是你能不能在各種狀況下都能穩定前進。

就像很多傑出的運動員，在比賽中取得佳績後，往往都表示自己會休息一陣子，但接下來還是會繼續練習。我們都該練習用另外的角度來看待成敗，與其把成敗視為對你這個人的肯定，我們更應該把它當作是一個檢視自己的機會。成功代表的，只不過是你現在的做法是符合客觀價值的；而失敗所代表的，也只不過是你現在的做法不符合客觀價值罷了。

除了你的努力是否符合客觀價值，運氣在一個人的成功與否，也扮演很重要的角色。就像一位數學不好的高中生，如果剛好遇上數學科很難的大考，就不會比其他人落後太多，可以進入比較好的學校或科系去就讀。

曾經有科學家模擬一群人職業生涯的轉變，在最一開始，他們大致設定了不同程度的「才華」，然後模擬這些人的職業生涯。所有人在最初模擬的成功指數是相同的，但是每隔六個月，會設定他們經歷幸運或是不幸運的事情。當一個人遭遇了不幸事件時，他的成功指數會減半；而當他碰到幸運事件時，成功指數就會翻倍。簡單的結論是，才華好的人，雖然比較容易成功；但是，最成功的人，並不是才華最好的人，而是最幸運的人。

運氣或許是我們沒辦法控制的，但是我們可以控制自己用什麼樣的態度來面對運氣的安排。就像在羽球比賽中，球難免會擦撞到網子，有時候會剛好過網，讓對手措手不及，有時候則會掛網，讓你自己來不及反應。比較沒經驗的選手，心情上很容易受到波動，結果造成自己的狀態越來越差，最終輸了比賽。

要能夠成功，真的不是只靠自己努力就好了，如果你只仰賴成功與否，來判定自己的努力，那你肯定是會失望的。若你可以改變觀點，用自己努力的程度，來判定自己的成就，不僅會讓你跳脫勝敗的漩渦，也會讓你更有機會自我提升。因為你不會仗著成功了，就覺得自己已經做得夠好了，而會更聚焦在自己是真的有比之前更好，並且思考要怎麼更上一層樓。

只要自己盡力完成能做的，就是圓滿

比較年輕的時候，對於自己付出努力，卻沒有得到回報，通常是充滿抱怨的。但隨著不同的人生歷練，讓我越來越清楚意識到，一件事情要能如你所願，有太多不可掌握的因素了。面對這些不可掌握的因素，若你又有很高的期待，簡單來說就是苦了自己，會讓自己更容易陷入不滿的情緒。

比如你去應徵一份工作，雖然自己的條件很好，但可能因為你的長相肖似其中一位主管的前任男友，讓你丟了這個工作機會。你當然可以去抗議，質疑面試的公平性，可是換個角度想，即使抗議之後，你拿到這份工作了，你覺得這個不理性的因素就完全不會對你造成影響嗎？如果你有從這樣的角度去思考，你或許就不會遇到不如預期的發展，深陷不滿，也可以比較快轉換心情，重新出發。

現在的我，只要把能夠做的事情都如自己期待的完成，就會認定這件事情已經結束了。至於後續的成果如何，因為不是我能夠控制的，我就不會特別去留意。我自己把這樣的做事風格稱作「積極佛系人」，也就是說**對於自己可以掌握的事情，要很積極去做；但是，對於自己不能掌握的事情，要佛系看待，不論結果如何，都視為是最好的安排。**

要評價一件事情，不能只看當下的效益，因為時間軸拉長之後，你可能會有不同的看法。就像你在結束一段感情的時候，肯定會傷心欲絕，但如果沒有前一次的分手，你怎麼能迎接下一段的感情呢？**只要你能正面看待每一次的經驗，那麼你就有機會從中有所獲得，並且讓自己在下一個回合，可以有更好的掌握。**

不被得失影響，才能穩定前進

有得必有失，這是很多人都聽過的道理，但能夠真正接受的，恐怕沒有那麼多。如果任何的評價，對你都會產生影響，那麼活在這個社會的你，日子肯定格外艱辛。因為，我們總是在被別人打分數，比方說別人對你在社交媒體上的按讚數，或是有多少人理會你在即時通訊軟體中的發言。

影集《黑鏡》（*Black Mirror*）其中一集「急轉直下」（*Nose Dive*），劇情針對這個議題有蠻發人深省的描繪。在一個虛構出來的未來社會中，每個人無時無刻都可以幫周圍的人打分數，不論你跟這個人的關係遠近。這個分數對人的生活有很大的影響，如果你的分數不夠高，就不能做某些事情，而且分數高的人，可能也不會想要跟你做朋友。劇中的主角，本來對這個分數著迷到有點走火入魔，但最後她發現，如果繼續死守這個評分系統，她的人生就只是一場悲劇。

我們現在的環境，或許還沒有像影集中的變態制度，但只要你很在意別人對你的看法或批評，你的日子肯定不輕鬆。就像近年來，世界各地都有一些網紅或是有點名氣的藝人，由於承受不了網路上的閒言閒語，最終選擇結束自己的生命。也有一些藝人怕自己難免會被網路評論影響，堅決不開設公開的帳號，就是為了避免因為流言蜚語而影響自己的狀態。

如果大家有留意娛樂新聞，就會發現一些歌手很清楚聲明，自己不再參加音樂類獎項的評選。雖然部分原因是因為不滿評審的制度，但我想更重要的原因是，他們只想好好做音樂，不想為了得獎而做音樂。

若你還不能坦然面對各式各樣的評論，選擇龜縮，不接觸，也未嘗不是一個做法。但記得還是要有自我檢核的方式，你才知道自己究竟有沒有把事情做好。

成敗都是一時，穩定才是王道

二〇二〇年東京奧運場上，李洋和王齊麟的羽球雙打組合拿下了奧運金牌，頓時全民沸騰，大家把這對組合捧上了天，不僅有各式各樣的致敬活動，大家也對於他們充滿期待。不過無奈的是，之後他們沒有再次獲得大賽的冠軍。但不論是面對成功或是失敗，可以看出他們的心態是健康的，都知道要繼續練習，才有可能再創佳績。

相較之下，世界羽球球后戴資穎，雖然沒有拿下奧運羽球單打冠軍，她還是穩穩盤踞在全球女子羽球球后的位置。不少其他羽球好手對戴資穎的評價都是：她是一位難纏且穩定的選手，特別不好應付。

你或許不是一位運動員，在生活中也沒有人把你的表現拿去排名次，但我們都會遇上不同的起伏狀態。**與其看重各種排名，你更應該把重心放在怎麼規劃自己的成長。好好追蹤自己的表現，確定自己有穩定前進，比起獲得好名次重要多了！**

為什麼你無法看淡結果？

〔解方→P274〕

第一、你過於看重別人的評價。有的人可能比較沒有自信，或者自己所在的崗位競爭比較激烈，所以很需要透過別人的評價，來推測自己的價值。但是，別人的評價是我們沒辦法控制的，而且很有可能是不客觀的，既然如此，為什麼我們要用這樣的標準，來檢視自己的狀態呢？

第二、你忽略了過程的重要性。現在社會變動很快，我們很容易會陷入只看結果，不在乎過程的困境。甚至有些主事者會明白告訴你，他們不看過程，只看結果。這些都讓我們容易忘記，沒有在過程中努力，怎麼可能紮實得到成果呢？

心理學小科普

「幸運是可以學會的」

想到運氣，我們一般會覺得這是沒辦法控制的。但是心理學家彼得·霍林斯（Peter Hollins）曾經出版過一本書《幸運，你可以學會的能力》（*The Science of Being Lucky: How to Engineer Good Fortune, Consistently Catch Lucky Breaks, and Live a Charmed Life*），談到其實我們眼中的幸運，不見得是完全隨機、不被控制的。比方說，你可能知道哪些活動比較少人會參加，所以你如果參加這類的活動，就會有比較高的中獎機率，這就是一種學習而來的幸運。另外，你與人互動的方式，也會大大影響別人怎麼樣對待你，而這也是某種幸運的展現。就像你對人總是和顏悅色，別人有好東西的時候，就會比較想要跟你分享。所以，幸運或許真的沒有那麼隨機，而是我們可以依據一些規律性，對它有一定程度的掌握。

Lesson 26

掌握大方向，不拘小節

我第一次做育兒podcast的時候，節目製作人是一個要求蠻嚴格的人，光是第一集的節目，我就完整錄了超過二十次。一開始，我可以理解為什麼要重錄，但是錄到第十次之後，我基本上已經聽不出差異了，可是還是被要求重錄，心裡不是很舒服。還有一回，我第一次錄製的版本，製作人已經覺得夠好了，但她問我要不要再試錄一次，或許可以更完美。因為才需要重錄一次，我就同意了，只不過重錄後並沒有比較好，最後還是選擇了第一次錄製的版本。

因為這件事情，我覺得主控權不在我，所以我基本上是配合製作人的安排。後來和製作人比較熟的時候，我有一次就問她，為什麼有時候堅持要我重錄呢？她說：「有些差異雖然多數的人聽不出來，但是我聽得出來。如果明知可以做得更好，卻又不去做，我覺得這樣是不對的。」

聽她這麼一講，我就說：「可是，如果投入的心力，只是讓成果從九十九分進步到九十九點一分，那還有必要嗎？」製作人笑笑不語。

你做事情的態度，是比較像我的製作人？還是比較像我呢？我不否認做事情要依循一定的原則，但是要到什麼樣的程度，就有一些討論空間了。

在沒有時間、資源壓力的狀況下，把事情做到盡善盡美，當然是比較好的。可是，如果你的處境並不是那麼優渥，你還堅持要把事情做到盡善盡美，那就只是在為難自己。你也很有可能因為在一個小細節上，花了太多的時間，結果延誤了你做其他事情的行程。

像我自己做簡報的時候，一定是先把大框架做好，然後確認要出現的內容都已經完善了，若還有時間，就會繼續調整版面、圖片等內容。一旦我決定這份簡報已經完成了，我就會停止繼續修改，即便我知道自己沒有把所有細節都做精緻的處理。這種自我宣示是很重要的，因為你會比較安心把焦點放到下一件該做的事情上。

相較於我這種做法，我知道有些人習慣做很仔細的修改，直到死線前的最後一刻，才會開始做下一件事情。若任務之間有充裕的時間，這樣的做法是沒問題的，但往往很多時候是要同時間做好幾個案子，像這種過度專注於細節的做法，在這個狀況下就不是很適合。

如果我們把專注在大方向以及細節，當作是兩件不同的事情，那麼當你兩者要兼顧，就表示你一次做兩件事情。過去有非常多的研究都證明，一次做兩件事情，會比起只做其中一件事情，來得更沒有效率。即便其中一件事情不太耗費資源，你做事情的效率還是會受到影響。

所以，當你有時間壓力要完成一件事情的時候，你該把焦點放在大方向，這樣會比較容易看到進展，也會讓自己獲得比較好的評價。就像看一些烹飪實境節目，過度專注於某項細節的參賽者，往往會因為沒辦法把作品完成，或是被迫要把其他環節簡化，最終遭到淘汰。

用成功的樣貌來誘拐自己

在安裝軟體或是瀏覽網站時，不知道你有沒有注意過那個進度顯示的方式，通常一開始變動非常快，之後變動的速度會變慢，有時候甚至會讓你懷疑是不是當機了。進度的呈現方式，之所以是先快後慢，是有原因的。一開始的快，是為了要讓你覺得這件事情不用花太多時間，你會比較願意等待；後來的慢，是為了彌補前面實際上還沒有完成的進度，而因為你心態上會覺得已經快完成，即使覺得速度變慢了，也會願意等待。

我們在做事情的時候，也可以善用這樣的做法。**先把大框架完成，讓自己心態上覺得離完成任務很接近，這樣的做法，不僅會讓你覺得自己比較有能力完成任務，執行的效率也會比較快**，因為目標看起來就在眼前，而非遙不可及。

現在一些套版製作文件的工具，也是用這樣的方式，讓你可以只要回答幾個問題，就能夠做出一個有模有樣的東西。不論是履歷，或是回憶錄，都有工具可以幫助你快速完成。這種套版做出來的東西或許不完美，但只要很輕鬆就可以有大概七成的完成度，會讓你更有動力想要去完成這個任務。就算你有點偷懶，只想套版，成果也不至於太難看。

所以，當你在幫自己規劃進度時，要盡可能先完成那種即視感很強的進度，也就是完成後會覺得自己真的有進度的環節。像我在寫這本書的時候，就先幫自己列出了整本書的章節，然後在撰寫每個章節前，我會把每一個副標題先列出來。光做完這些步驟，我就覺得自己進度超前了。

另外一個你可以善用的技巧，就是在規劃進度的時候，就算只是完成任務的十分之一，你也可以告訴自己「我已經完成了百分之三十」，讓自己覺得做事情很有效率。但是用這個方法有一個缺點，就是你有可能會因為覺得自己進度夠快了，就開始拖延。如果你自認是一個容易怠惰的人，這樣的做法就不適合你拿來使用。

透過自我限制，強迫自己先處理重要的事情

過去一年我的右腳曾經受傷兩次，而這兩次慘痛的經驗，對我來說很有啟發性。會這樣說，是因為腳受傷的時候，難免還是要走路，只是我會減少走路頻率，間接讓我意識到，哪些其實是可以省略，哪些又是不能省略的。就像如果你手上可運用的資金有限，一定是先把錢花在刀口上，若還有剩餘，才會拿去用在其他方面。

套用前面談到的經驗，當你把自己的能力做一些限制，你自然而然會先去處理那些比較重要的事情。

就像在疫情期間和孩子一起居家辦公的人，在孩子休息的時候，肯定會先做那些最亟需完成的事情，而這可能是距離死線最近的，或是老闆最看重的。**你可以壓縮做每件事情的時間，強迫自己完成比較重要的環節。你也可以試著用比較不方便的工具來做事，像是用手機，而不是用電腦，也有助於你去思考，什麼是比較重要的，需要先完成的。**

當然，由於受到了限制，會讓你沒辦法如願做所有該做的事情，這本質上也是好的，因為會幫助你察覺哪些是「該完成的」。之後，在限制被排除的時候，你會知道要趕緊去完成那些事情。

除此之外，這樣的自我限制，有時候也會讓你有意外的發現。像是你會發現原來還有別的方式，可以讓你完成某件事情，而且比你原本習慣的還要高效。有一次因為我習慣開的路在夜間封閉了，我不得不改道，結果發現這條路比我原本走的那條快很多，之後我就都是開這條新的路了。

懂得放下比較不重要的事情

我知道有些性格上比較完美主義的人，在資源足夠的時候，會忍不住要吹毛求疵。我不否認當你投注很多的時候，成果會更好。但是在你把一件事情做得更好的同時，你也只剩下比較少的資源，可以去做好別的事情。也就是說，你是不可能雙贏、多贏的，在某部分有了獲得，在其他方面就會有損失，只是你不一定會意識到自己有這樣的損失。

當然，我不是說你不該把事情做到盡善盡美的地步，而是你應該先全盤評估，了解有哪些是你想要做，也是你該做的事情。如果每件事情都能做到一定的完成度，你還有額外的資源，那麼你才有本錢去追求細節上的完美。你當然也可以挪動額外的資源，或是給自己多一點的時間，就為了讓自己的作品更完美。只是你多付出的，不一定能夠有同等的回報，這是你需要提醒自己的。

與其把每個細節都做到極致，我更傾向**順著時間、資源的限制，調整自己看待事情的態度，先把事情做到無愧於己就好**。若還有多餘的時間、資源，我覺得拿去休息，或是做別的探索，都更值得一些。

為什麼你有完美主義？

〔解方→P274〕

第一、你擔心成果不被接納。有些人對自己的成果沒有信心，覺得一定要做到滿分，才會被人認可。但實際的情況是，就算你做到一百分，別人也不一定會覺得那是一百分。

第二、你分不清什麼是重要的。有的人明知道自己沒有足夠的資源，可以把事情做到盡善盡美，結果不僅為難了自己，也延宕了進度。

心理學小科普

「可以期待成功，但不要幻想成功」

在內文中提到，對於成功的想像，有助於你成功。但是我在這邊要提醒大家，當你在做這個想像的時候，要具體務實一點，也就是說不應該去設想一個遙不可及的目標。如果你想像的是一個遙不可及的目標，你反而會因為有了這個想像，而距離這個目標更遠。不論是想像找工作、找伴侶、考試結果，或是手術成功與否，只要你的想像是一種可能被實現的期待，而不是遙不可及的幻想，想像這件事情都是有助於成功的。只是你要提醒自己，這畢竟只是想像，而不是真的就成功了。如果你因為想像過自己成功，就誤以為自己會成功，而鬆懈下來，那麼成功就會離你越來越遠了。

Lesson 27

多一個朋友，就是少一個敵人

在影集《創造安娜》（*Inventing Anna*）中，擔任飯店禮賓櫃檯服務生的奈夫，因為收到安娜鉅額的小費，主動協助安娜打通關，讓她無論進到潮牌店或高級餐廳，都可以順暢無阻，還處處備受禮遇。雖然這影集的劇情看起來有點誇張，但我想多數的人多少都有享受過某種特權。人脈越廣的人，對這件事情的感受會越深刻。

我不敢說自己是一個人脈多廣的人，但我知道在這個群居的社會，我們和其他人是彼此依存的。所以我會提醒自己，若這個人是自己喜歡的，在提供協助的時候，就不用去計算要有怎麼樣的回報。對於別人有意願提供協助，只要這個人不是我討厭的，我也會欣然接受。所以，當我有需要的時候，會在社交平台上求助；若看到有朋友在社交平台上求助，我也會主動提供相應的協助。因為我深信，人在社會上就是彼此需要（ㄉㄧˋㄩˋㄙ）的。

我知道有些人會擔心收了別人的好處，不就等於落下把柄，未來不得不協助那個人。或許我是以自己助人的態度，來看待別人對我提供的協助，所以我會預設自己因為接受別人的協助，就對那個人有所虧欠。相較於虧欠，我更喜歡認為自己要對那個人表達感恩之情。而向人表達感恩有很多方式，不一定要是對方期待的那種。

當然，我知道不是所有人都會沒帶目的去幫助別人。但是你要知道，只要是真心表達自己的感恩之情，你就沒有虧欠於對方。若他選擇要對你有不合理的期待，那也是他單方面的想法，你不用因為這樣為難自己。除非你們事前已經約定好某種利益交換，那這就跟助人沒關係了，比較像是一個契約關係，當然就要遵守約定。

另外，我要務實的提醒你，就算你不期待別人要對你有所求，別人還是有可能會對你有所求。所以，就不要那麼見外了，知道有誰可以幫助你，就勇敢開口，讓別人有機會幫你，以後他們需要你協助的時候，也不會那麼不好意思。這樣有來有往的關係，對你絕對是利大於弊。

有朋友讓你事半功倍

現在有不少商會成員多半比較年輕，在事業上也屬於比較資淺，他們雖然沒有扶輪社等社團組織那樣的有勢力，但團結就是力量，也讓不少成員在短時間內事業上有所突破。我有學生和朋友都各自加入不同的商會，看到他們的事業有不小的突破，心中也是蠻羨慕的。

畢竟在學術圈要跟別人異業合作，難度不低，因為產業界對學術圈有不少誤解，對於心理系教授能為他們帶來什麼，更是一知半解。我算是有點被動，還沒有太多主動出擊的經驗，但幾次和產業的互動，都會覺得其實我們能做的蠻多的，只是需要讓別人知道我們的能耐。

最近幾年，靠著在企業工作的畢業生，我也陸續讓同學們參與了企業的運作。而經歷過企業的洗禮，學生在學習上也更加積極，我覺得實在太棒了，不然老師在台上講得苦口婆心，學生也聽不進去。對企業來說，他們也藉此多認識了我們的學生，可以從不同的觀點切入他們平常關注的議題，雙方都有所收穫。

不過要突破舒適圈這件事情，真的不太容易，有時候就需要靠人脈的網網相連。像之前一位在非營利組織工作的朋友，因為跟我比較熟了，就問我是否有認識的人脈可以一起來提歐盟的老人自主生活計畫。雖然我過去在英國學習，但我在那邊沒有太多產業的人脈，不過在博士畢業的時候，我曾經擔任一家比利時顧問公司的研究員，還跟那家公司老闆一直保持聯繫。在他的推薦下，我們和他一個朋友搭上線，雖然最後沒能合作，但也點醒了我，自己握有資源怎麼沒有好好使用呢？

你可能覺得自己沒權沒勢，沒什麼人脈可言，但其實和你生命曾經交織過的人，都可以算是你的人脈，你們是可以彼此互惠的。所以，如果你的工作有機會和很多人接觸，真的不要浪費自己的人脈資源，妥善經營，你絕對可以為自己省下很多力氣，而且還能成就更多。

世界很小，你不要幫自己設置阻礙

有的人不喜歡跟人打交道，甚至會和人結怨，這對你來說，都是成長的阻礙。因為世界真的不大，你永遠不知道，你曾經惡意得罪的人，未來會用什麼樣的方式，來對你造成影響。有時候甚至還不是你自己的作為，讓你陷入不利的狀況，而是你的家人、朋友，或是團體。

就像我曾經因為太忙，拒絕協助某個單位做事情，我本來以為這沒什麼大不了，之後我才輾轉得知，原來我的舉動讓別人不滿。還好後來我再次被那個單位接觸的時候，我釋出善意，這危機也稍微解除了。雖然**我們沒有辦法確保別人會不會感覺被我們欺負，因而對我們懷恨在心，但我們至少可以做到，盡可能不刻意傷害別人，建立一個善的循環。**

前面有提到，有時候不是因為你直接的緣故，而導致別人對你有所不滿。關於這點，真的是讓人有點無奈，你只能想辦法多釋出善意，扭轉別人對你的看法。若幸運的話，也有可能扭轉他們對你所隸屬團體的看法，你就幫你的團體創造了一個善的循環。之前Covid-19開始肆虐全球的時候，在不少歐美國家發生了排擠亞洲人的情況，特別是針對華人的行動。面對這樣的不理性，還真是很難去反駁，因為這些人可能喪失了一位至親，看到華人面孔，難免做了不理性的連結。

雖然我勸大家不要和別人結怨，但並不表示你就一定要對所有人釋出善意，這是你自己的選擇。畢竟人都是有偏好的，多少都會和一些人不對盤。勉強自己要對那些人釋出善意，對你來說也是不好的，所以你真的沒有必要那樣做，否則反而顯得濫情。你只要不要讓別人覺得你對他們懷有惡意，我認為就足夠了。

建立善的循環，你會收穫更多

十多年前，我在大學認識的一位學姊告訴我輔大心理系有職缺，問我要不要來試試看，就這樣我進入了輔大心理系，也和學姊一直保持良善的互動。從和一個同事相熟開始，漸漸又陸續和其他同事混熟了，到現在出去玩都會想著要帶哪些伴手禮回來送大家。不只我會這樣想，其他人也是這樣想的，所以每次長假結束，大家都有不少跟別人交換來的禮物。我很珍惜這樣的氛圍，因為我知道不是所有團體都有這樣和睦的氣氛，不少系所的老師們是有派系之分的，大打出手的也大有人在。

你除了可以和認識的人建立良善的循環之外，我也鼓勵你可以多幫助陌生人。有好幾年的時間，我透過銀髮粉絲頁募集民眾幫忙寫賀年卡送給長者，全盛時期我們一年送出超過一千張卡片。就這樣我們印製卡片，協助媒合要寫卡片以及需要卡片的人，串起了給長者的祝福。雖然過程中我們不常收到回饋，但有些朋友會寫小卡片鼓勵我們，也有單位在收到卡片後，拍下長輩看到卡片的模樣，都讓我覺得很感動。

要建立善的循環真的不難，只要願意真心付出，不求回報，循環很快就會發生。

二〇一四年，美國有一位婦女發起了請陌生人喝咖啡的活動，在十一個小時內，這個善的循環有超過三百位民眾加入，每個人在喝了別人招待的咖啡後，把原本要買咖啡的錢，拿來招待一位陌生人喝咖啡。雖然表面上每個人沒多得到什麼，但那種被別人招待的溫暖，以及來自另一個人的感謝之意，都足以讓人心頭暖上一陣子呢！

你為什麼沒有想廣結善緣？

〔解方→P274〕

第一、你把交朋友看得太沉重。有的人對於交朋友比較認真，會覺得自己如果沒有想清楚，就不應該隨便對別人釋出善意。或許在我們的文化中，把人與人之間的關係看得比較嚴肅，但其實很多時候，即便當另一個人短暫的過客，也沒什麼不好的。

第二、你愛記仇。有些人愛恨分明，而且會持續很久。如果你是這樣的人，你的獲得與失去是蠻兩極化的，你也比較容易在關係中受到傷害，因為你可能對別人有過多的期待，導致他們有太大的壓力。

心理學小科普

「人脈重質不重量」

在內文中，提到了人脈的重要性，但這並不是說你的人脈要越廣越好。實際上，維吉尼亞大學的羅伯特．克羅斯（Robert Cross）教授的分析發現，對於工作表現好的人來說，朋友數量越多，反而有害於他們的表現。不過，他強調這不是說人脈不重要，而是要掌握以下幾個原則：一、不要侷限在自己的小圈圈，而是該保持開放性，這樣可以讓你觸及到更多不同類型的人；二、人脈不只該對上，也該對下，這樣你才可以接觸到不同的觀點，也有助於你釐清事情的真實樣貌；三、要經營那些對你會有幫助的人脈，特別是當這些人具備你所不具備的能力時，你更要維持和他們的關係；四、要維持高品質的人脈。說穿了，就是人脈重質不重量。如果你的朋友都只是泛泛之交，就算有再多朋友，恐怕在你需要協助的時候，也沒有幾個人願意伸出援手。

Lesson 28

有多少做多少，不做非分之想

我忘了有一次是什麼緣故，有學生在我的臉書上留言說：

老師你要請Johnny幫你做分享，他IG粉絲十幾萬，你大概只有他的零頭吧！

看到這訊息，其實是有點哀傷。我也常在想，到底自己是什麼地方做錯了，沒有能成為我心目中的知識型網紅。但每次想到這件事情，我就會安慰自己，我真的想要變成網紅嗎？我可以照自己的意思過生活，又能依據自己的意願來做知識分享，這有什麼不好的嗎？

你在生活中，是不是也會眼紅別人的成就呢？開好車、住好房、吃美食，或許都相當令人羨慕，可是除非這個人是個很幸運的富二代，否則在這些表面的光鮮亮麗背

割捨
熱情
專注
規劃
固執
謙卑
佛系

後，又有多少你不知道的苦楚呢？我想，或許就是有不少人都沒有想清楚，做每件事情所伴隨的代價，否則就不會陸續有一些人，因為承受不了成名的壓力，選擇結束生命這條路。

雖然對於現狀的不滿，往往是讓人前進的動力，但是你如果過於異想天開，那恐怕只是一場悲劇。你可能很喜歡唱歌，也拿過一些小比賽的冠軍，但若你一心想著要一夕成名，成為樂壇的天王、天后，恐怕就有點強人所難了。天團五月天也好，天后泰勒絲也好，在一開始出道的時候，也曾經歷過觀眾三三兩兩的場面。如果他們剛出來就擺著很高的姿態，認為自己一定只能做什麼樣的事情，應該也不會有今天這樣傑出的表現。

在這個社會，對於什麼樣的人，可以做什麼樣的事情，都存在著一個潛規則。當然，不是說你不能跳脫這個框架，而是如果你沒有兩三把刷子，社會對於你的舉動，並不會是寬容的。

記得有一年，我打算要提案開設老年議題的線上課程，出乎我意料的，居然有一位資深的老師打電話來勸我要想清楚。接到電話的當下，我其實有點震驚，我不知道是不是因為那位老師也有同樣的打算，到現在我都很疑惑為什麼自己會接到這通電話。我只能善意的推測，那位老師擔心我沒有辦法把這件事情做好，會對自己以及學校有不好的影響。

後來我還是提出申請了，而且課程也獲得教育部的支持。我不會說這門課多麼成功，但至少內容有達成當時我設定的目標，我自己也很高興有這樣的機會，可以去了解怎麼製作線上課程。這樣的經驗，也讓我後續自行製作課程的時候，更是毫無懸念，而且我也知道要怎麼用最少的資源，完成課程的設置。像二〇二一年的暑假，我就起心動念錄製了一個入門課程——「心理學家是怎麼做研究的」，希望讓對心理學感興趣的高中生，可以多認識心理學究竟是怎麼一回事。

當然，我知道這影片還沒有很精緻的後製，一些部分也可以再做調整，但那是我用現有資源可以做到的成果，我也引以為榮。開課以來，有兩百多位網友選課，還包含不少海外的華人，我自己是蠻開心的。而且有點意外的是，在課程中我介紹了一個工具，這個工具的業者還主動跟我接觸，希望我可以成為他們的先鋒用戶，協助他們做新功能的測試。

這發展還真是出乎意外，但這些不是因為我有什麼非分之想，而是我順著自己的意，把事情做好帶來的效益。所以，我們不一定要有遠大的夢想，才能有意想不到的成就。關鍵不在於夢想的大小，而在於你是怎麼做的，以及你究竟成就了什麼。

成就自己能成就的，就是圓滿

或許自己並不是什麼高官顯貴，但我一直都很感謝基層夥伴的付出，不論是念書的時候，對於系上秘書的感恩，或是到現在，對於掃地阿姨的感謝。他們或許沒有創造了一個新的工具，讓成千上萬的人因此受惠，但是因為有他們的協助，讓很多事情可以正常運作，也讓我們在上班、上學的路上，看到校園環境很整潔，可以一路帶著微笑進到辦公室或教室，這就是一個圓滿。

像我這樣當老師的人，能夠做的，就是把自己所學教給學生，也希望他們能有所啟發，找到自己人生的方向。因為我知道包括自己在內的很多老師，都是很用心的在帶學生，我在外宣傳的時候，都會很驕傲的說，我們不僅在學期間提供好的服務，我們的售後服務也是很棒的。每次要送走帶了四年的學生，都是滿滿的欣慰，看到他們從懵懵懂懂，到找到自己的方向，並且勇敢往前行，就覺得實在太棒了。

或許我是比較容易滿足，但這種**平凡的圓滿，才是多數人該追求，也比較容易得到的成就**。畢竟，各行各業的佼佼者都是少數，如果你把成為佼佼者當作你的目標，那麼你有很高的機率會失望。特別是，當你能力不是特別突出，也沒有什麼人可以幫你加持的時候，你要成為獨一無二的那個人，幾乎是不可能。

二〇二二年二月，資深藝人巴戈離開人世，從報導中看到他的子女都事業有成，他們在回憶的時候提到，巴戈是位盡責又開明的父親，而且直到生命的最後，都還是把和家人一同吃晚餐當作生命中最開心的事情。我覺得這就是身為一位父親的圓滿，可以扮演好自己身為父親的角色，並且把家庭當作是自己的重心。

你不一定是別人的父親或是母親，但你肯定是別人的小孩，那麼你最少可以把這個角色扮演好，讓自己這個部分是圓滿的。另外，在事業上，你也不一定要成就什麼豐功偉業，只要你能夠做到，讓別人在你缺席的時候，都會想到你，那也就是一種圓滿了。

寧可聚沙成塔，也不要一夕成名

在現在這個年代，靠著穩紮穩打而成功的人，似乎是少數。我們總是過度追求速度，什麼都要快，連影片都要越短越好，就怕一旦拖長了，就沒人想看了。但快速成名，也意味著你很有可能會快速消失在鎂光燈前，能夠帶給你的好處也相對有限。既然如此，為什麼還要把一夕成名當作自己的目標呢？

可能我們都太急著要被看到，而一步一腳印的成就，鮮少能被大家注意到。所以，我們自然而然會想要走捷徑，讓自己可以一步登天。但是這樣的做法，其實沒有什麼用。曾經有一段時間，合作夥伴幫我爭取到一個平台的流量，雖然確實有效果，但這些由平台轉入的流量，終究沒有辦法留下來，所以最終也是枉然。在凡事都經過演算的現在，就算你曾經閃耀過一次，對你的幫助頂多只有接下來的幾次，若你不能持續締造佳績，你的閃耀就會像流星一樣，稍縱即逝。

所以，相較於追求一夕成名，我認為按部就班反而會更好。**當你是因為按部就班而嶄露頭角時，你就已經具備好要持續發亮一陣子的資格了。**就像你在公司，可能持續都有穩定的表現，但就是不夠亮眼，所以沒被看到。等到有一天被看到了，別人可能才會驚覺，原來你是很有能力的，反而對你來說是更好的安排。

重點不是成就多少，而是你有沒有做了你該做的

在生活中，我們無時無刻都可能會受到其他人的點評，但我覺得那些都不是最重要的。你真正該重視的，是你怎麼看待自己的所作所為。你是不是都盡力做了那些你該做的，還是你其實根本就不知道自己要什麼，只是汲汲營營地追求別人認為你該追求的目標。

當你很清楚你只有你自己這一個目標觀眾，相信你會轉換一個方式，來看待自己以及自己的表現。假設你知道自己只是僥倖，才有好表現，那麼你就不該感到欣喜；相對的，你若知道自己已經盡全力了，只是因為一些非個人的因素而落敗，也不用感到難過。

但**不管是難過也好，欣喜也好，你都要提醒自己，不要忘了愛自己。**一個愛自己

的人，才能展現更好的自己，我想這是我最想告訴大家的！

為什麼你總覺得自己做得不夠？

〈解方→P274〉

第一、你眼高手低。你的能力可能並沒有自己以為的那麼好，所以你的表現很難讓自己滿意。若你還欠缺現實感，那真的是蠻不好的。

第二、你不自滿。有的人可能自視頗高，能力也確實是夠的，所以會覺得自己似乎還可以做得更好。但是你要知道，「最好」是一個虛假的概念，「更好」才是真實的。

心理學小科普

「知足」

知足這個概念，雖然也是在正向心理學的範疇當中，但是相對而言是比較少被研究的。大抵來說，知足是強調一個完整性，認為自己的狀態和所擁有的恰恰好。而這個概念和宗教中的圓滿，在概念上有一點接近。不過，有實徵研究發現，這兩著之間存在著差異性：知足和一些事務性的活動表現

割捨
熱情
專注
規劃
固執
謙卑
佛系

是有正相關的；但圓滿則和靈性活動之間是有正相關。另外，圓滿的程度，和對於過程的重視，是有比較高度的相關。雖然這兩者之間存在一些差異，但這兩種概念都和「接受」有高度的正相關。

FOR YOU
反。思。解。方。箋

Q25「為什麼你無法看淡結果？」

❶ **解方** 做任何事情，都要幫自己設定不同的指標，透過檢視自己是否有達成這樣目標，來幫自己打分數。

❷ **解方** 就算別人只看重結果，你還是可以問問自己，為了達到那樣的成果，過程中你需要完成哪些事情。不論有沒有達成最後的目標，你都要檢視自己完成了過程中的哪些環節。

Q26「為什麼你有完美主義？」

❶ **解方** 做到無愧於己就足夠了。若別人給你批評，你也可以不用那麼糾結，因為你知道自己就是沒有做到完美，被批評是必然的。所以，這樣的做法對你是好處多多。

❷ **解方** 練習幫自己設一些限制，或許你就可以發現哪些環節是比較重要的。

Q27「你為什麼沒有想廣結善緣？」

❶ **解方** 你可以把交朋友分等級，練習對於最低等級的朋友，也可以釋出一點善意，而不是冷漠。這樣你可以增加自己的人脈，又不至於會有太大的壓力。

❷ **解方** 練習對事不對人，降低對人有鮮明的愛恨區分。

Q28「為什麼你總覺得自己做得不夠？」

❶ **解方** 搞清楚自己的能力在哪方面，並且依據自己的能力去設定自己的目標。

❷ **解方** 用一些具體的指標來權衡自己的表現，而不要用一些相對指標或是抽象的指標。

最後加碼！你該試試看的高效小練習

想要成為一個高效的人嗎？那麼就從這些小練習開始做起吧！讓高效成為你做事情的一種習慣。你不用急著一次就做到全部的練習，可以先從對自己來說難度最低的開始，再循序漸進。

1. 盤點生活中五個不一定要由你來完成的事情。

➥藉此，你可以練習做割捨

❶ ……

❷ ……

❸ ……

❹ ……

❺ ……

2. 每個月說服一位朋友，跟你一起做你很有熱情的事情。

➥藉此，你可以反思自己為什麼熱愛做這件事情，或許也會發現額外的原由

3. 一天只幫自己設定最多三個要完成的目標。

➥藉此，你可以練習專注

❶ ……

❷ ……

❸ ……

4. 記錄自己做特定的事情，需要幾個單位的專心時間區塊。

➥藉此，你未來在規劃自己行程的時候，會更容易

*舉例來說，你發現自己整理一週的行程，需要30分鐘，而你每次專心的時間區塊是10分鐘，就表示整理一週行程需要三個單位的專心時間區塊。

5. 練習一個星期都有固定的作息。

➥藉此，你會發現固定作息的好處，以及自己在什麼時候比較適合/不適合做怎樣的事情

6. 每個月找一位朋友，教你做一件你還不會做的事情。

➥藉此，你可以提醒自己，還有所不足，不會過度自負

7. 在做一件事情之前，訂下自己需要完成哪些環節，不包含最終成果。

➥藉此，你可以練習看重過程，看淡結果

https://dx.doi.org/10.5455%2Fmsm.2021.33.174-178
https://doi.org/10.1123/tsp.24.2.157

14〈一定要預留犯錯的空間〉
https://doi.org/10.1038/s41586-019-1725-y
https://doi.org/10.1177%2F0956797619881133

15〈用最少的資源，做最多的事情〉
https://doi.org/10.1080/03623319.2020.1808768

17〈固定作息的重要性〉
https://doi.org/10.1016/j.neuroimage.2013.07.086
http://jrh.gmu.ac.ir/article-1-452-en.html
https://doi.org/10.1016/j.sleep.2019.05.001

18〈固執，你才能進行精準規劃〉
https://doi.org/10.1371/journal.pcbi.1005408
https://doi.org/10.1080/10400419.2003.9651411
https://doi.org/10.1016/j.neuroscience.2021.08.015

19〈做對的事情，就不該妥協〉
https://doi.org/10.1016/j.sleep.2021.04.015

20〈認為不對的事情，就不要做〉
https://doi.org/10.3138/cjcc.16.3.282

23〈如果有人可以做得更好，為什麼堅持要自己做？〉
https://doi.org/10.3389/fpsyg.2020.00710
https://doi.org/10.1177%2F1059601199241003

25〈重視過程，看淡結果〉
https://doi.org/10.48550/arXiv.1802.07068

26〈掌握大方向，不拘小節〉
https://psycnet.apa.org/doi/10.1037/0022-3514.83.5.1198
https://doi.org/10.1016/j.jesp.2011.02.003

27〈多一個朋友 ，就是少一個敵人〉
https://hbsp.harvard.edu/product/2705-HBK-ENG

28〈有多少做多少，不做非分之想〉
https://doi.org/10.1080/17439760.2018.1484938

〔參考文獻〕

1〈如果可以好好做一件事，就不要敷衍完成五件事〉
https://doi.org/10.1177%2F0956797614559285
https://papers.ssrn.com/sol3/papers.cfm?abstract_id=1598460

2〈不好的習慣、工具，該丟就丟〉
https://doi.org/10.1177%2F0956797614524581
https://doi.org/10.1177/0956797620965541

3〈你的大腦不是無底洞，慎選要處理的資訊〉
https://doi.org/10.1016/S0140-6736(05)70323-8

5〈做自己愛的事情就對了〉
https://link.springer.com/chapter/10.1007/978-3-319-54786-2_14#enumeration
https://dx.doi.org/10.2139/ssrn.3470734
https://doi.org/10.1086/681096
https://doi.org/10.1086/261737

6〈面對不得不做的事情，先從培養熱情開始吧〉
https://doi.org/10.1080/02650487.2014.997080
https://doi.org/10.1111%2Fj.1467-9280.2008.02076.x
https://doi.org/10.1073/pnas.1803561115

8〈熱情固然有用，但不是萬能〉
https://doi.org/10.31234/osf.io/u8g3h

9〈你以為你不專心，其實是你不知道要專心做啥〉
doi:10.1037/0096-1523.21.3.451

11〈認真玩樂，你才能在該努力的時候全力以赴〉
https://doi.org/10.1007/s00426-016-0752-7
https://doi.org/10.1038/s41598-020-77336-z
https://doi.org/10.1080/08870446.2020.1809661
https://doi.org/10.1016/j.annale.2020.100006

12〈能屈能伸，當專注力的主人〉
https://doi.org/10.1016/j.neuropsychologia.2008.04.023

13〈寧願花時間多想，也不要貿然行事〉
https://doi.org/10.1111/j.1749-6632.2011.06439.x

國家圖書館出版品預行編目資料

開啟高效人生的心理課：心理學博士教你善用科學方法，處理生活大小事，過自己想要的人生！/ 黃揚名著. -- 初版. -- 臺北市：商周出版：英屬蓋曼群島商家庭傳媒股份有限公司城邦分公司發行, 2022. 05
面；　公分. -- (ViewPoint；110)
ISBN 978-626-318-255-4(平裝)

1.CST: 生活指導 2.CST: 工作效率 3.CST: 成功法

177.2　　　　　　111004698

ViewPoint 110

開啟高效人生的心理課

——心理學博士教你善用科學方法，處理生活大小事，過自己想要的人生！

作　　者／黃揚名
企劃選書／黃靖卉
特約編輯／林淑華

版　　權／吳亭儀、江欣瑜
行銷業務／周佑潔、黃崇華、賴玉嵐
總 編 輯／黃靖卉
總 經 理／彭之琬
事業群總經理／黃淑貞
發 行 人／何飛鵬
法律顧問／元禾法律事務所王子文律師
出　　版／商周出版
臺北市104民生東路二段141號9樓
電話：(02) 25007008　傳真：(02)25007759
blog: http://bwp25007008.pixnet.net/blog
E-mail：bwp.service@cite.com.tw
發　　行／英屬蓋曼群島商家庭傳媒股份有限公司城邦分公司
臺北市中山區民生東路二段141號2樓
書虫客服服務專線：02-25007718；25007719
24小時傳真專線：02-25001990；25001991
服務時間：週一至週五上午09:30-12:00；下午13:30-17:00
劃撥帳號：19863813；戶名：書虫股份有限公司
讀者服務信箱：service@readingclub.com.tw
城邦讀書花園 www.cite.com.tw
香港發行所／城邦（香港）出版集團
香港灣仔駱克道193號東超商業中心1樓_ E-mail : hkcite@biznetvigator.com
電話：(852) 25086231　傳真：(852) 25789337
馬新發行所／城邦（馬新）出版集團【Cite (M) Sdn Bhd】
41, Jalan Radin Anum, Bandar Baru Sri Petaling, 57000 Kuala Lumpur, Malaysia.
電話：(603) 90563833　傳真：(603) 90576622　Email：cite@cite.my.com

封面設計／行者創意
封面圖片／graphic narrator
版面設計／林曉涵
插　　畫／蟲蟲
印　　刷／中原造像股份有限公司
經 銷 商／聯合發行股份有限公司
新北市231新店區寶橋路235巷6弄6號2樓電話：(02) 29178022　傳真：(02) 29110053

■2022年5月3日初版一刷
■2022年11月23日初版2.5刷
定價380元
Printed in Taiwan

城邦讀書花園
www.cite.com.tw
 ISBN 978-626-318-255-4

商周出版

廣告回函
北區郵政管理登記證
北臺字第**000791**號
郵資已付，免貼郵票

104 台北市民生東路二段141號2樓

英屬蓋曼群島商家庭傳媒股份有限公司城邦分公司 收

請沿虛線對摺，謝謝！

商周出版

書號：BU3110　書名：開啟高效人生的心理課　編碼：

請於此處用膠水黏貼

商周出版

讀者回函卡

線上版讀者回函卡

感謝您購買我們出版的書籍！請費心填寫此回函卡，我們將不定期寄上城邦集團最新的出版訊息。

姓名：＿＿＿＿＿＿＿＿＿＿＿＿＿＿＿＿＿＿＿＿ 性別：☐男 ☐女

生日：西元＿＿＿＿＿＿＿＿年＿＿＿＿＿＿＿＿月＿＿＿＿＿＿＿＿日

地址：＿＿＿＿＿＿＿＿＿＿＿＿＿＿＿＿＿＿＿＿＿＿＿＿＿＿＿＿＿＿

聯絡電話：＿＿＿＿＿＿＿＿＿＿＿＿＿＿ 傳真：＿＿＿＿＿＿＿＿＿＿＿＿

E-mail：

學歷：☐ 1. 小學 ☐ 2. 國中 ☐ 3. 高中 ☐ 4. 大學 ☐ 5. 研究所以上

職業：☐ 1. 學生 ☐ 2. 軍公教 ☐ 3. 服務 ☐ 4. 金融 ☐ 5. 製造 ☐ 6. 資訊
☐ 7. 傳播 ☐ 8. 自由業 ☐ 9. 農漁牧 ☐ 10. 家管 ☐ 11. 退休
☐ 12. 其他＿＿＿＿＿＿＿＿＿＿＿＿＿＿＿＿＿＿＿＿＿＿＿＿

您從何種方式得知本書消息？

☐ 1. 書店 ☐ 2. 網路 ☐ 3. 報紙 ☐ 4. 雜誌 ☐ 5. 廣播 ☐ 6. 電視
☐ 7. 親友推薦 ☐ 8. 其他＿＿＿＿＿＿＿＿＿＿＿＿＿＿＿＿＿＿

您通常以何種方式購書？

☐ 1. 書店 ☐ 2. 網路 ☐ 3. 傳真訂購 ☐ 4. 郵局劃撥 ☐ 5. 其他＿＿＿＿

您喜歡閱讀那些類別的書籍？

☐ 1. 財經商業 ☐ 2. 自然科學 ☐ 3. 歷史 ☐ 4. 法律 ☐ 5. 文學
☐ 6. 休閒旅遊 ☐ 7. 小說 ☐ 8. 人物傳記 ☐ 9. 生活、勵志 ☐ 10. 其他

對我們的建議：＿＿＿＿＿＿＿＿＿＿＿＿＿＿＿＿＿＿＿＿＿＿＿＿＿＿＿＿

＿＿＿＿＿＿＿＿＿＿＿＿＿＿＿＿＿＿＿＿＿＿＿＿＿＿＿＿＿＿＿＿＿＿

＿＿＿＿＿＿＿＿＿＿＿＿＿＿＿＿＿＿＿＿＿＿＿＿＿＿＿＿＿＿＿＿＿＿

請於此處用膠水黏貼